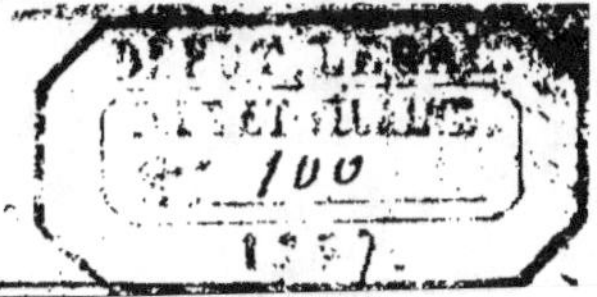

CATALOGUE

DES

MONNAIES FRANÇAISES

ET

ÉTRANGÈRES

DE LA COLLECTION DE M*** (de Rennes),

Dont la vente aura lieu le 4 décembre 1857, à une heure précise.

(EXPOSITION LE MÊME JOUR A MIDI)

HOTEL DES COMMISSAIRES-PRISEURS, RUE DROUOT, 5,

PAR LE MINISTÈRE DE Me DELBERGUE-COLMONT,

COMMISSAIRE-PRISEUR,

et sous la direction de M. J. CHARVET, numismatiste, 4, rue de Louvois.

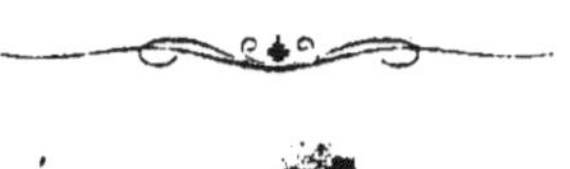

RENNES

IMPRIMERIE DE CH. CATEL ET Cie,

rue du Champ-Jacquet, 23.

1857.

CATALOGUE

DES

MONNAIES FRANÇAISES

ET

ÉTRANGÈRES

DE LA COLLECTION DE M*** (de Rennes).

Dont la vente aura lieu le   novembre 1857, à une heure précise.

(EXPOSITION LE MÊME JOUR A MIDI)

HOTEL DES COMMISSAIRES-PRISEURS, RUE DROUOT, 5,

PAR LE MINISTÈRE DE Me DELBERGUE-COLMONT,

COMMISSAIRE - PRISEUR,

et sous la direction de M. J. CHARVET, numismatiste, 4, rue de Louvois,
chez lesquels se distribue le Catalogue.

RENNES

IMPRIMERIE DE CH. CATEL ET Cie,
rue du Champ-Jacquet, 25

1857.

CONDITIONS DE LA VENTE :

Elle sera faite au comptant.

Les acheteurs paieront, en sus du prix d'adjudication, cinq pour cent applicables aux frais.

Les numéros comprenant plusieurs pièces pourront être divisés; de même que des articles du Catalogue pourront être réunis.

PRÉFACE.

—

En formant la collection dont nous publions le Catalogue, M··· s'était surtout proposé de réunir les matériaux d'une monographie du sol. Malgré de patientes recherches, cette série est sans doute encore incomplète, mais il serait impossible aujourd'hui de refaire une suite aussi variée.

M··· regretterait qu'elle fût divisée, et il verrait avec plaisir un Musée en faire l'acquisition. L'étude de cette suite permettrait de faire un travail d'ensemble sur les ateliers en vigueur depuis 1719 (1).

(1) M··· se réserve formellement le droit de publier cette monographie, ou de remettre ses notes à **M. A. Bigot**, auteur d'un *Essai sur les Monnaies du Royaume et Duché de Bretagne*.

D'autres suites moins nombreuses renferment cependant des richesses qu'on nous permettra de signaler.

Nous appelons spécialement l'attention des amateurs sur les n°s 69, 79, 94, 95, 95bis, 97, 100, 122, 133, 136, 143, 147, 150, 158bis, 181.

Quant aux attributions (notamment celles des monnaies étrangères), les rédacteurs de Catalogue reconnaissent d'ordinaire qu'ils ne sont pas infaillibles. Cet exemple est trop bon pour que nous ne le suivions pas.

Rennes, ce 10 octobre 1857.

CATALOGUE

DE

MONNAIES FRANÇAISES

ET

ÉTRANGÈRES.

MÉDAILLES ANCIENNES.

EUROPE.

ESPAGNE.

1. *Celtibérienne.* — Tête d'Hercule jeune à droite. ℞. Cavalier à droite; dessous, caractères phéniciens.
   BR. (1 pièce.)
2. *Emporias.* — Tête casquée de Minerve. ℞. Pégase.
   BR. (1 pièce.)
3. **Baléares;** *Ebusus.* — Divinité en pied et de face.
   ℞. Inscription phénicienne dans le champ.
   BR. (1 pièce.)

GRÈCE.

4. **Lucanie;** *Héraclée.* — Tête de Pallas. ℞. Hercule étouffant le lion de Némée.
   AR. (1 pièce.)
5. *Macédoine.* — Alexandre II, Philippe III, Démétrius II,
   BR. (3 pièces.)

ASIE.

6. **Roi parthe;** *Arsace XXI, Gotarsés.* — Tête barbue

à gauche, coiffée de la tiare. ℞. ΒΑCΙΛΕΩC ΒΑCΙΛΕΩΝ ΑΡΙΑΝΟΥ ΕΥΕΡΓΕΤΟΥ ΔΙΧΑΙΟΥ ΕΠΙ+ΑΝΟΥC +ΙΛ-ΛΗΧΟC. Le roi assis tenant un arc.

AR. (1 pièce.)

AFRIQUE.

ROIS D'ÉGYPTE.

7. *Ptolémée.* — Incertaine. Tête de Jupiter à droite. ℞. ΒΑΣΙΛΕΩΣ ΠΤΟΛΕΜΑΙΟΥ. Aigle sur un foudre; dans le champ, corne d'abondance.

G. B. (1 pièce.)

8. *Bérénice.* — Tête d'Isis à droite. ℞. Même légende. Aigle sur un foudre à gauche.

M. B. (1 pièce.)

9. *Mauritanie.* — Tête barbue à gauche. ℞. Cheval galopant à gauche.

Plomb. — La même.

M. B. (2 pièces.)

ZEUGITANIE.

10. *Carthage.* — Tête de Cérès à gauche. ℞. Tête de cheval.

P. B. (1 pièce.)

Même avers. ℞. Cheval debout regardant devant lui; derrière, un palmier.

P. B. (1 pièce.)

Même avers. ℞. Cheval debout regardant derrière lui.

P. B. (3 pièces.)

MÉDAILLES GAULOISES.

—

ARMORIQUE.

11. *Venètes.* — Tête casquée et surmontée du sanglier,
environnée de petites têtes pendant à des cordons
perlés. ℞. Androcéphale; dessous, un sanglier.
La même. Le sanglier est accompagné d'une aigle.
  Bas électrum. (2 pièces.)
Incertaine. — Rouelle à huit rais.
  Plomb.
Incertaines. — Tête imberbe diadêmée à droite.
℞. GERMANVS INDVTIL. Taureau à gauche.
  P. B. (1 pièce.)
Tête barbue à gauche. ℞. Taureau à gauche.
  P. B. (8 pièces.)
12. *Gauloises.* — Bronze, potin, argent et électrum.
Types variés, plusieurs avec noms de chefs et de
villes. 4 rouelles. (174 pièces.)

MÉDAILLES ROMAINES.

—

CONSULAIRES.

13. *Antonia.* — ANT . AVG . III . VIR . R . P . C . Galère.
℞. LEG . VI. Aigle romaine entre deux enseignes.
  AR. (1 pièce.)
14. *Calpurnia.* — CAESAR AVGVSTVS TRIBVNIC . PO-
TEST. Tête nue d'Auguste à droite. ℞. CN. PISO

CN . F . III . VIR . AAA . FFF. Dans le champ, S . C.
M. B. (1 pièce.)

15. *Cassia.* — TRIBVNIC . POTEST . CAESAR AVGVS-
TVS. Tête nue d'Auguste à droite. R'. CASSIVS
CELER III . VIR . AAA . FFF. Dans le champ. S . C
M. B. (1 pièce.)

16. *Julia.* — CAESAR. Éléphant. R'. Instruments de sa-
crifice.
AR. (1 pièce.)

17. *Junia.* — AHALA. Tête barbue. R'. BRVTVS. Tête
barbue.
AR. (1 pièce.)

18. *Nonia.* — SVFENAS. S . C. Tête barbue à droite.
R'. PR . L . V . P . F . SEX . NONII. Personnage cou-
ronné par la Victoire.
AR. (1 pièce.)

19. *Plaetoria.* — Tête jeune à droite ; derrière, le lituus
R'. M . PLAETORIVS CAEST . EX . S . C. Caducée
ailé.
AR. (1 pièce.)

20. *Plautia.* — P . YPSAE . S . C. Tête de Cybèle à droite ;
derrière, un dauphin. R'. C . YPSAE COS . PRIV
CEPIT. Jupiter dans un quadrige à gauche.
AR. (1 pièce.)

21. *Rubria.* — DOS . SEX. Tête barbue de Neptune à
droite. R'. Victoire debout devant un autel.
Quinaire. AR. (1 pièce.)

22. *Scribonia.* — BON . EVENT . LIBO. Tête de femme à
droite. R'. PVTEAL . SCRIBON. Autel.
AR. (1 pièce.)

23. *Vibia.* — Tête de Pallas à droite. R'. C . VIBIVS VA-
RVS. Hercule debout

AR. (1 pièce.)

Tête barbue de Neptune à droite. R/. ROMA. Victoire debout couronne un trophée.

Quinaire. AR. (1 pièce.)

AS ROMAINS.

24. *As*. — Tête de Janus. R/. ROMA. Proue.

G. B. (1 pièce.)

Semis. — Moitié de la même pièce (provenant des fouilles de la Vilaine).

Sextans. — Rémus et Romulus sous la louve. R/. ROMA. Aigle.

M. B. (1 pièce.)

Uncia. — Tête de Pallas à gauche. R/. ROMA. Proue.

M. B. (1 pièce.)

Tête de Mercure à droite. R/. ROMA. Proue.

M. B. (1 pièce.)

EMPEREURS ROMAINS.

25. *Jules César*. — Tête de César à droite. R/. L. MVSSIDIVS LONGVS. Globe, gouvernail, caducée.

AR. (1 pièce.)

Colonie de Vienne.

G. B. (1 pièce.)

26. *Marc-Antoine*. — M . ANT . IMP . AVG . III . VIR R . P . C . M . BARBAT . Q P. Tête nue, à droite, de Marc-Antoine. R/. CAESAR IMP . PONT . III . VIR R . P . C. Tête nue, à droite, d'Octavien.

AR. (1 pièce.)

27. *Auguste*. — CAESAR IMP . VII. Tête nue, à droite, d'Auguste. R/. ASIA RECEPTA. Ciste surmontée d'une Victoire.

Tête nue à droite. ℞. AVGVST . F . COS . DESIG .
PRINC . IVVENT. Ex. C . L . CAESARES. Caius et
Lucius en toge, debout devant deux boucliers sur-
montés des attributs pontificaux.

AR. (1 pièce.)

Tête laurée à droite. ℞. ROM . ET AVG. Autel de
Lyon.

3 pièces variées dont une surfrappée de NDIA.
(NEPOS DIVI AVGVSTI?) M. B.

28. *Agrippa.* — IMP . DIVI F. Têtes opposées d'Auguste
et d'Agrippa entre 2 P ℞. COL . NEM. Crocodile
et palmier.

M. B. (1 pièce.)

Deux autres variétés sans les 2 P du droit.

M. B.

Moitié de la même provenant des fouilles de la Vilaine.

M. B.

M . AGRIPPA . L . F . COS . III. Tête à gauche d'A-
grippa. ℞. S . C. Neptune debout.

M. B. (1 pièce.)

29. *Tibère.* — Tête laurée à droite. ℞. PONTIF . MAXIM.
Tibère assis à droite.

2 pièces variées. AR.

DIVVS AVGVSTVS PATER. Tête radiée d'Auguste
à gauche. ℞. PROVIDENT . S . C. Autel.

M. B. (1 pièce.)

Tête nue de Tibère à gauche. ℞. ROM . ET AVG.
Autel de Lyon.

M. B. (1 pièce.)

La même. Tête Laurée à droite.

La même.

P. B. (3 pièces.)

30. *Drusus Junior*. — PIETAS. Tête de Livie voilée. ℞. DRVSVS CAESAR TI . AVGVSTI F . TR . POT. ITER. Dans le champ, S.C.

M. B. (1 pièce.)

31. *Antonia*. — Tête à droite. ℞. TI . CLAVDIVS. etc. Femme debout.

M. B. (1 pièce.)

32. *Germanicus*. — Tête nue à gauche. ℞. C. CAESAR DIVI AVG . PRO . AVG . P.M . TR.P . III .P.P. Dans le champ, S.C.

M. B. (1 pièce.)

33. *Agrippina Senior*. — Tête d'Agrippine à droite. ℞. S.P.Q.R . MEMORIAE AGRIPPINAE. Carpentum. G. B. (1 pièce.)

34. *Caligula*. Tête nue à gauche. ℞. VESTA.

M. B. (1 pièce.)

35. *Claude*. — Tête nue à gauche. ℞. CERES AVGVSTA. — CONSTANTIAE AVGVSTI. — LIBERTAS AV-GVSTA.

M. B. (3 pièces.)

36. *Néron*. — Tête laurée à droite. ℞. Incuse.

AR. (1 pièce.)

Tête laurée à gauche. ℞. SECVRITAS AVGVSTI. La Sécurité assise.

M. B. (1 pièce.)

Tête nue à gauche. ℞. Victoire tenant un bouclier sur lequel : S.P.Q.R.

M. B. (1 pièce.)

Tête laurée à droite. ℞. Le même.

M. B. (1 pièce.)

Tête nue à droite. ℞. Le même.

M. B. (2 pièces variées.)

37. *Galba*. — Tête laurée à droite. R̥. S.P.Q.R.OB.C.S
Dans une couronne de laurier.

AR. (1 pièce.)

Même tête. R̥. CERES AVGVSTA.

M. B. (1 pièce.)

38. *Othon*. Tête nue à droite. R̥. VICTORIA OTHONIS.

AR. (1 pièce.)

39. *Vitellius*. — Tête laurée à droite. R̥. S.P.Q.R.OB.C.S.
Dans une couronne de laurier.

AR. (1 pièce.)

40. *Vespasien*. — Tête laurée à droite. R̥. COS . ITER
TR . POT.

AR. (1 pièce.)

Même tête. R̥. VICTORIA NAVALIS.

M. B. (1 pièce.)

41. *Titus*. — Tête laurée à droite. R̥. PAX AVGVSTI.

OR. (1 pièce.)

Même tête. R̥. TR . P . VIIII . IMP . XIIII . COS . VII.
P . P

AR. (1 pièce.)

42. *Domitien*. — Tête laurée à droite. R̥. PRINCEPS IV-
VENTVTIS.

AR. (1 pièce.)

Même tête. R̥. SC. L'Empereur à cheval courant à
gauche.

M. B. (1 pièce.)

Même tête. R̥. SC. L'empereur debout.

M. B. (1 pièce.)

Même tête. R̥. TR.POT.COS.VIII.DES.VIIII.P.P.

M. B. (1 pièce.)

Même tête. R̥. VIRTVTI AVGVSTI

M. B. (1 pièce.)

Tête de Minerve à droite. ℞. S.C. Dans le champ, chouette.

P. B. (1 pièce.)

43. *Nerva*. — Tête laurée à droite. ℞. IMP . II COS . III . P.P. La Justice debout.

AR. (1 pièce.)

44. *Trajan*. — Tête laurée à droite. ℞. COS . V . P . P . S.P.Q.R . OPTIMO PRIN . Trophée.

AR. (1 pièce.)

Tête radiée à droite. ℞. TR . POT . COS . IIII . P.P. L'Abondance assise.

M. B. (1 pièce.)

Tête laurée à droite. ℞. TR . POT . COS . IIII . P . P. Victoire tenant un bouclier.

M. B. (1 pièce.)

45. *Hadrien*. — Tête laurée à droite. ℞. P . M . TR . P . COS . III. Rome Nicéphore.

AR. (1 pièce.)

Même tête. ℞. RESTITVTORI ORBIS TERRARVM .

G. B. (1 pièce.)

Tête radiée à droite. ℞. PONT . MAX . TR . POT . COS . III . S.C. FORT . RED. La Fortune assise.

M. B. (1 pièce.)

46. *Antonin*. — Tête laurée à droite. ℞. COS . IIII . Femme sacrifiant.

AR. (1 pièce.)

Même tête. ℞. TR . POT . COS . II. L'Abondance.

G. B. (1 pièce.)

Même tête. ℞. FECVNDITAS AVG . COS . IIII. La Fécondité.

G. B. (1 pièce.)

Même tête. ℞. TR . POT . XIIII. Rome assise

G. B. (1 pièce.)

Même tête. ℞. Tête de Marc-Aurèle.

G. B. (1 pièce.)

Même tête. ℞. IMPERATOR II. Victoire à droite.

M. B. (1 pièce.)

47. *Faustina Senior*. — Tête à droite. ℞. Cérès.

AR. (1 pièce.)

Même tête.

G. B. (1 pièce.)

48. *Marc-Aurèle*. — Tête laurée et barbue à droite.
℞. SALVTI AVG . COS . III.

AR. (1 pièce.)

Tête radiée et barbue à droite. ℞. Semblable au
précédent.

M. B. (1 pièce.)

49. *Faustina Senior*. — Tête à droite. ℞. VENVS.

AR. (1 pièce.)

Idem. ℞. SALVS.

AR. (1 pièce.)

Tête à droite. ℞. CERES.

G. B. (1 pièce.)

50. *Lucius Verus*. — Tête nue à droite. ℞. PROV
DEOR . TR . P . III . COS . II.

AR. (1 pièce.)

51. *Lucille*. — Tête à droite. ℞. FECVNDITAS

AR. (1 pièce.)

Même tête. ℞. CONCORDIA.

M. B. (1 pièce.)

52. *Commode*. — Tête laurée à droite. ℞. P . M . TR . P
XI . IMP . V . COS . V . P . P.

AR. (1 pièce.)

Tête radiée à droite. ℞. DE SARM. etc. Deux cap-
tifs sous un trophée.

M. B. (1 pièce.)

Tête laurée à droite. ℞. TR . P . VIII, etc. Abondance.

M. B. (1 pièce.)

53. *Julia Domna*. — Tête à droite. ℞. VESTA.

AR. (1 pièce.)

Même tête. ℞. FORTVNAE FELICI.

AR. (1 pièce.)

54. *Caracalla*. — Tête laurée à droite. ℞. LIBERTAS
AVG.

AR. (1 pièce.)

Même tête. ℞. PONTIF . TR . P . VIIII.COS . II.
Mars debout.

AR. (1 pièce.)

55. *Géta*. — Tête nue à droite. ℞. PONTIF .COS. Pallas.

AR. (1 pièce.)

Même tête. ℞. FELICITAS PVBLICA. La Félicité.

AR. (1 pièce.)

56. *Alexandre-Sévère*. —Tête laurée à droite. ℞. P . M .
TR . P . III.COS . P . P. L'empereur debout.

AR. (1 pièce.)

Même tête. ℞. PROVIDENTIA.

Autre. ROMAE AETERNAE.

G. B. (2 pièces.)

57. *Julia Mamée*. — Tête à droite. ℞. FELICITAS PV-
BLICA.

G. B. (1 pièce.)

58. *Gordien III*. — Tête radiée à droite. ℞. FIDES
MILITVM.

Autre. FORTVNA REDVX.

AR. (2 pièces.)

59. *Philippe (père)*. — Trois pièces, dont une fausse de
l'époque.

(3 pièces.)

60. *Otacilia*. — Tête à droite. ℞. PIETAS AVGVSTA

AR. (1 pièce.)

Philippe (fils). — Tête radiée à droite. ℞. PAX AE-
TERNA.

AR. (1 pièce.)

Numérien. — ℞. Mars.

M. B. (1 pièce.)

Maxence. — ℞. AETERNAE MEMORIAE.

61. *Fausta*. — Tête à droite. ℞. SPES REIPVBLICAE.
ASIS.

P. B. (1 pièce.)

Un lot de 10 pièces.

Crispus. — ℞. CLARITAS REIPVBLICAE.

P. B. (1 pièce.)

62. *Herennius*. — Q . HER . ETR . MES . DECIVS NOB.
C. Tête nue à droite. ℞. SPES PVBLICA. L'empereur dans un temple.

Médaillon argent; 16 millimètres. (1 pièce.)

62bis. *Gallien*. — Revers variés, la plupart cotés dans
Mionnet. Ces pièces ont été choisies et proviennent
de la découverte de Talmont (Vendée).

(76 pièces.)

63. *Gallien*. — Consécrations, autel et aigle éployé. Trajan, Vespasien, Antonin, Alexandre.

(7 pièces.)

63bis. *Postume*. — Revers variés. (Voy. *Revue Numismatique*, 1856, p. 295.)

(46 deniers.)

MONNAIES FRANÇAISES.

—

MÉROVINGIENNES.

64. *Chérébert.* — (Leblanc, p. 43, n° 3.)
Triens. Or. (1 pièce.)

65. *Dagobert III.* — Croix cantonnée des lettres D. A
G . O. ℞. Grand M surmonté d'une croix; dessous,
deux points.
AR. (1 pièce.)

66. *Gondebaud, roi de Bourgogne.*
Quinaire. Or. (1 pièce.)

67. Triens barbares sans nom de roi : Rouen, Sens,
Laon, Metz, Châlons. Attributions douteuses
Triens. Or. (5 pièces.)

68. *Autun.* — AVGVSTIDVNO FI. Deux têtes accolées
à droite. ℞. MINOORIIS MONII. Croix sur des de-
grés; dans le champ, AG: la croix terminée par
un P.
(1 pièce.)

68bis. *Orléans.* — RACIO AECLESIE. Tête diadémée à
droite. ℞. ✠MAVRO MONE. Croix.
Triens. Or. (1 pièce.)

CARLOVINGIENNES

CHARLEMAGNE.

69. *Toulouse.* — ✠CARLVS IMP.R. Croix. ℞ ✠TO-
LOSA CIVI. Dans le champ. CARL
Denier rarissime. (1 pièce.)

70. *Idem.* — ✠ CARLVS REX FR. Croix. ℞. ✠ TO-
LVSA. Monogramme.
Denier. (1 pièce.)

71. *Agen.* — ✠ CARLVS REX FR. Croix. ℞. ✠ AGIN-
NO. Monogramme.
Denier (1 pièce.)

72. *Beauvais.* — ✠ CAROLVS REX FRAN. Croix.
℞. ✠ BELGEVACVS CIVI. Monogramme.
Variété inédite.
Denier. (1 pièce.)

73. *Melle.* — ✠ CARLVS REX FR. Croix. ℞. ✠ ME-
TVLLO. Monogramme.
Denier. AR. (1 pièce.)
Grand monogramme de Charles remplissant le
champ. ℞. METVLLO. Croisette.
Obole. AR. (1 pièce.)

LOUIS-LE-DÉBONNAIRE.

74. ✠ HLVDOVVICVS IMP. Croix cantonnée de 4 points.
℞. ✠ XPISTIANA RELIGIO. Temple.
Deniers variés. AR. (3 pièces.)

75. *Melle.* — HLVDOVVICVS IMP. AVG. Tête laurée à
droite. ℞. ✠ METALLVM. Deux coins et deux
marteaux.
Denier. (1 pièce.)

76. *Paris.* — ✠ HLVDOVICVS IMP. Croix. ℞. PARISII
en une seule ligne.
Denier. (1 pièce.)

77. ✠ HLVDOVVICVS. Croix cantonnée de 4 points.
℞. ✠ XPISTIANA RELIGIO. Temple.
Deniers variés. (10 pièces.)

CHARLES-LE-CHAUVE.

78. *Le Mans.* — ✠ GRATIA D-I REX. Monogramme
carolin. ℞. ✠ CINOMANIS CIVITAS.
Deniers variés. AR. (3 pièces.)

79. *Vienne.* — ✠ GRATIA DEI REX. Monogramme.
℞. VIENNA CIVIS. Croix.
Denier. (1 pièce.)

80. *Saint-Denis.* — Au droit, même légende, type ordinaire.
Deniers variés. (2 pièces.)

81. *Bayeux.*
(1 pièce.)

82. *Le Palais.*
(1 pièce.)

83. *Laon.*
(1 pièce.)

84. *Reims.*
(1 pièce.)

85. *Soissons.*
(1 pièce.)

86. *Blois.*
Deniers variés. (4 pièces.)

87. *Tours.*
Deniers variés. (2 pièces.)

88. *Angers.*
Denier. (1 pièce.)

89. *Orléans.*
Deniers variés. (8 pièces.)

90. *Paris.* — *Terrouane.* (Cassé).
(2 pièces.)

91. *Chartres.*

Deniers variés. (2 pièces.)

92 *Courtsessin*.

(3 pièces.)

92bis. *Localité inconnue*. — ✠ GRATIA DEI REX. Monogramme. ℞. ✠ TALONES CIVITAS. Croix.
Denier inédit. (1 pièce.)

LOUIS II ou III.

93. *Tours*. — ✠ MISERICORDIA D-I REX. Monogramme de Louis. ℞. ✠ TVRONES CIVITAS.
Denier très-beau. (1 pièce.)

94. *Blois*. — Même légende, même type. ℞. ✠ BLE-SIANIS CASTRO. Croix.
Magnifique denier. (1 pièce.)

95. *Troyes*. — Même légende, même type. ℞. ✠ TRE-CAS CIVITAS.
Denier inédit. (1 pièce.)

95bis. *Le Palais*. — Même légende, même type. ℞. ✠ PALATINA MONET.
Très-beau. Inédit. (1 pièce.)

CHARLES-LE-GROS.

96. *Toul*. — :: KAROLVS REX. Croix cantonnée de 4 points. ℞. TVLLO en une seule ligne.
Variété inédite. Denier. (1 pièce.)

97. *Paris*. — ✠ CAROLVS R·RX. Croix. ℞. PAR | ISH en deux lignes.
Denier. (1 pièce.)

98. *Le Palais*. — ✠ CAROLVS REX. Croix. ℞. ✠ PA-LATINA MONEAT. Monogramme de Charles.
Très-beau denier. (1 pièce.)

99 *Bourges*. — ✠ CARLVS REX. Croix. ℞. ✠ BITV-RICES CIVI. Monogramme

Denier (1 pièce.)

EUDES.

100. *Limoges*. — ✠ GRATIA D-I REX. Dans le champ,
ODO entre deux croisettes. ℞. ✠ LIMOVICAS
CIVI.
Denier. AR.

101. *Orléans*. — ✠ GRATIA DEI REX ODO. Mono-
gramme de Charles-le-Chauve. ℞. ✠ AVRELIA-
NIS CIVITAS. Croix.
Très-beau denier.

101 bis. *Idem*. — ✠ GRATIA D-I. Monogramme de
Eudes. ℞. ✠ AVRELIANIS CIVITAS.
Deniers variés. (6 pièces.)

102. *Chartres*. — GRATIA D-I REX. Monogramme de
Eudes. ℞. ✠ CARNOTIS CIVITASI. Croix.
Denier. (1 pièce.)

103. *Blois*. — Même légende, même type. Monogrammes
variés.
Deniers. (3 pièces.)

CHARLES-LE-SIMPLE.

104. *Melle*. — ✠ CARLVS RES R. ℞. ✠ MET | ALLO
en deux lignes.
1 denier, 2 oboles. AR. (3 pièces.)

LOTHAIRE.

105. *Bourges*. — ✠ LOTERIVS REX. Croix. ℞. ✠ BI-
TVRICES CIVITAS. Temple.
Deniers posthumes variés. AR. (2 pièces.)

ARNOULD et ÉTIENNE VI.

106. *Rome*. — ARNOLFVS IMP. Dans le champ. ROMA

en monogramme. R'. S.C.S.PETRVS. Dans le
champ, monogramme d'Étienne.
Très-beau denier. (1 pièce.)

LOUIS IV.

107. *Langres* — HLVDOVVICVS. Dans le champ, IX
R'. LINGONIS CVTS. Croix.
Denier. (1 pièce.)

CAPÉTIENNES.

PHILIPPE Ier.

108. ✠PILIPVS RX. Dans le champ, O cruciforme et
4 points. R'. ✠MATISCON. Dans le champ, S
accosté de 2 points.
Denier. (1 pièce.)

LOUIS VI.

109. *Orléans.* — ✠LVDOVICVS REX. Porte de ville.
R'. AVRELIANIS CIVTAS. Croix cantonnée de
l'A et de l'Ω.
Denier. AR. (1 pièce.)
Angoulême. — LVDVICVS. Croix. R'. EGOLIS-
SIME. Croisette cantonnée de 4 annelets.
Magnifique denier. AR. (1 pièce.)
Saintes. — ✠LODOICVS. Croix. R'. ✠STCI✠
NAS.
Obole inédite. (1 pièce.)

LOUIS VII.

110. *Bourges.* — ✠LVDOVICVS REX. Tête de face.
R'. VRBS BITVRICA. Croix bourgeoise
Denier. AR. (1 pièce.)

Paris et Tours. — ✠ LVDOVICVS REX. Dans le champ, FRA | IICO en deux lignes. ℞. PARISII CIVIS. Croix.

Deniers. AR. (4 pièces.)

PHILIPPE II.

111. *Arras.* — ✠ PHIL. Fleur de lys. IP'RE. Dans le champ, FRA | OƆN en deux lignes. ℞. ARRAS CIVITAS. Croix cantonnée de 2 fleurs de lys.

Denier. AR. (1 pièce.)

LOUIS IX.

112. *Tours.* — 1° ✠ LVDOVICVS REX. — 2° BHDICTV: SIT : HOꝏЄ : DHI : NRI:DЄI IHV XPI. Croix. ℞. TVRONVS CIVIS. Châtel à la croix; bordure de 12 fleurs de lys.

Gros. AR. (1 pièce.)

✠ LVDOVICVS REX. Croix. ℞. TVRONVS CIVI Châtel à la croix.

3 deniers variés. AR.

Paris. — ✠ LVDOVICVS REX. Dans le champ, FRA | OƆN en deux lignes. ℞. ✠ PARISII CIVIS. Croix.

Denier. AR.

✠ LVDOVICVS REX. Dans le champ, TR | OƆN en deux lignes. ℞. PARISII CIVIS. Croix.

Denier. AR. (1 pièce.)

PHILIPPE III.

113. *Tours.* — ✠ PNILIPVS REX. Croix. ℞. TVRONVS CIVIS. Châtel à la croix.

Denier. AR. (1 pièce.)

PHILIPPE IV.

114. 1° ✠ PhILIPPVS×REX. — 2° ✠ BIIDICTV:SIT:
ꝚOΜЄ:DIII:ꝚRI:DЄI:IhV:XPI. Croix. ℟. TV-
RONVS·CIVIS. Châtel à la croix; bordure de 12
fleurs de lys.

    Gros. AR. (1 pièce.)

✠ PhILIPPVS REX. Croix égale fleurie.
℟. ✠ ΜOꝚETA DVPLEX. Dans le champ, sous
une fleur de lys, REGA | LIS en deux lignes.

    Deniers. AR. (2 pièces.)

✠ PhILIPPVS REX. Croix cantonnée d'une fleur
de lys. ℟. ✠ ΜOꝚ:DVPLEX REGAL. Fronton
du portail à la croix, accosté de 2 fleurs de lys.

    Deniers. AR. (2 pièces.)

✠ PhILIPPVS REX. Croix. ℟. TVRONVS CI-
VIS. Portail à la croix.

    2 deniers, 3 oboles. AR. (5 pièces.)

LOUIS X.

115. ✠ LVDOVICVS·REX. Croix. ℟. 1° ✠ TVRONVS
CIVIS. — 2° ✠ BIIDICTV:SIT:IIOΜЄ:DIII:ꝚRI.
DЄI:IhV:XPI. Châtel à la croix; bordure de 12
fleurs de lys.

    Gros. AR.

✠ LVDOVICVS REX. Croix. ℟. TVRONVS CI-
VIS. Portail à la croix.

    Deniers. AR. (3 pièces.)

PHILIPPE V.

116 1° ✠ PHILIPPVS·REX. — 2° ✠ BNDICTV:SIT:
ꝚOΜЄ:DIII:ꝚRI:DЄI:IhV:XPI. Croix. ℟. TV-

RONVS·CIVIS. Portail à la croix; bordure de 12 fleurs de lys.

Gros. AR. (2 pièces.)

CHARLES IV.

117. ✠ KAROLVS REX. Croix évidée en cœur. ℞. OBO-
LVS. ° CIVIS. Portail à la fleur de lys.
Denier. AR. (Non décrit par Leblanc.)
1° ✠ KAROLVS. ° REX. — 2° BHDICTV:SIT:
nOCOɑ:DRI:nRI. Croix. FRANChORVm. Châtel à la croix; bordure de 12 fleurs de lys.
Demi-gros. AR. (1 pièce.)

PHILIPPE VI.

118. Écu d'or. Beau.
✠ PHILIPPVS RɑX. (Trèfle.) Couronne
℞. ✠ COORɑTA DVPLɑX. Croix égale fleurde-
lysée.
Double parisis noir. (1 pièce.)
Gros à la queue, dit *Poilevilain*.
AR. (1 pièce.)

JEAN II.

119. Aignel. OR. (2 pièces variées.)
Écu. OR. (1 pièce.)
Franc à cheval. OR. (1 pièce.)
1° ✠ IOhAnnɑS REX. — 2° BRDIɑTV:SIT
nOSɑ:DHI:nRI:DɑI:IHV:XPI. Croix. ℞. ✠TV
RONVS:ɑIVIS. Portail à la croix, les tours tré-
flées, ogive dans le fronton, 3 flanchis dans le
portail. Bordure de 12 fleurs de lys.
Gros blanc. AR. (1 pièce.)

CHARLES V.

120. Aignel. OR. (1 pièce.)

Franc à cheval. OR. (1 pièce.)

121. 1° ✠ KAROLVS. (Trèfle.) REX. — 2° ✠ BИDIϾTV:
SIT : ИOMϾ : DИI : ИRI : DϾI : IHV : XPI. Croix.
℞. TVROHVS·ϾIVIS. Portail à la couronne; bor-
dure de 12 fleurs de lys.

Gros. AR. (1 pièce.)

Demi-gros au même type. AR. (2 pièces variées.)

Blanc au K couronné. AR. (3 pièces variées.)

✠ KAROLVS RϾX. Sous une couronne, FRAИ.
℞. ✠ PARISIVS ϾIVIS. Croix fleurdelysée.

Double parisis. BILL. (2 pièces.)

✠ KAROLVS FRAИϾORV RϾX. 3 fleurs de lys.
℞. MOИϾTA DVPLϾX. Croix.

Double de billon. (1 pièce.)

CHARLES VI.

122. ✠ KAROLVS : DϾI : GRAϾIA : FRAИϾORVM :
RϾX. Écu de France surmonté d'un heaume.
℞. XPϾ.V, etc. Croix fleuronnée entourée de 4
arceaux anglés de 4 fleurs de lys.

Demi-heaume. OR. Rarissime. (1 pièce.)

123. Royal. OR. (2 pièces.)

Autre avec KROLVS.

OR. (1 pièce.)

Blanc à l'écu. (5 pièces.)

Denier au même type. (1 pièce.)

Gros, dit *Grossu* de Dijon.

AR. (1 pièce.)

Gros royal, dit *Fleurette*, frappé par Isabeau *(Catalogue Delombardy,* n° 131.) (1 pièce.)

Le même, frappé par le Dauphin. (*Cat. Del.*, n° 135.) (1 pièce.)
Double tournois, dit *Niquet*, frappé par Isabeau. (*Cat. Del.*, n° 133.) (1 pièce.)
Denier tournois. 2 fleurs de lys en fasce.
Double tournois aux 3 fleurs de lys.

HENRI V.

124. Niquet. BILL. (2 pièces.)

HENRI VI.

125. Salut. OR. (1 pièce.)
Grand blanc aux 2 écus accolés.
AR. (2 pièces.

CHARLES VII.

126. Écu. OR. (1 pièce.)

LOUIS XI.

127. Blancs au soleil. (2 pièces.)
Double tournois. (1 pièce.)
Petit tournois. (2 pièces variées.)

CHARLES VIII.

128. Karolus. — Grand K couronné et historié.
AR. (2 pièces variées.)
Douzain. (2 pièces.)
Denier tournois pour la Normandie. (1 pièce.)
Liard de Bretagne. (1 pièce.)

LOUIS XII.

129. ☩ LVDOVICVS.D.G.FRANCORVM.REX. Buste du
roi à droite. ℞. MEDIOLANI DVX. Saint Am-

broise à cheval. Écu de France couronné sous le cheval.

Teston. Beau. (1 pièce.)

130. Douzain à la couronne.

Patard à l'L couronné. (2 pièces, dont une fausse.)

Douzain au porc-épic. (1 pièce.)

Hardi pour la Guyenne. (1 pièce.)

FRANÇOIS Ier.

131. ✠ FRANCISCVS . D . G . FRANCORVM RE. Buste vieilli, Cheveux courts. Couronne radiée et fleur-delysée. ℞. Écu couronné entouré de 11 arceaux. Légende, ✠ NONOBIS, etc.

Teston et demi-teston. Magnifiques. (2 pièces.)

132. Écu au soleil. OR.

Écu pour le Dauphiné. OR. (1 pièce.)

132 ^{bis}. (Couronne.) FRANCISCVS:I:DEI:GRA:FRANCO-RVM:REX. Buste imberbe, au chaperon couronné. ℞. (Couronne.) XPS:VINCIT:XPS:REGNAT:XPS: IMPERAT. Écu timbré d'une couronne dans 11 arceaux perlés.

Teston. AR. (1 pièce.)

(Couronne.) FRANCISCVS:D:G:FRANCORVM: REX. Même buste. ℞. (Couronne.) XPS.VINCIT. XPS. REGNAT.XPS:IMP. Même écu; dessous, A. Teston. AR.

Teston au même type. AR. (1 pièce.)

Teston à la couronne à pointes, frappé à Lyon. Très-beau. (1 pièce.)

Douzain à la salamandre. (Faux de l'époque.)

Douzain à la croisette.

Liard Delphinal à la croisette.

Liard à l'F couronné.

Double tournois à la croisette.

Double tournois pour le Dauphiné. (2 pièces.)

Denier tournois.

HENRI II.

133. 4 testons et un demi frappés au marteau. AR.
(5 pièces variées.)

Teston frappé au balancier. (Paris.) AR.

Gros et demi-gros de Nesle. (2 pièces.)

3 douzains variés, dont un très-beau. (3 pièces.)

Liard à l'F couronné. Inédit.

FRANÇOIS II.

134. Jeton en argent du sacre. Buste lauré à gauche.
R̸. Une main tenant la Sainte-Ampoule. Beau.
(1 pièce.)

134 bis. *Marie Stuart.* — MARIA.D.G.SCOTORVM. Écusson couronné. R̸. DILIGITE.IVSTICIAM. Monogramme couronné.

OR. (1 pièce.)

135. Teston au type d'Henri II. AR. (3 pièces.)

CHARLES IX.

136. Très-bel essai du denier tournois. CAROLVS VIIII.
D:G.FRAN.REX. 2 fleurs de lys dans 3 arceaux. R̸. ☩ SIT NOMEN DNI BENEDIC.M.
Croix alézée et cantonnée de 4 annelets dans 4
arceaux.

AR. fin frappé à Lyon. (1 pièce.)

137. CAROLVS.VIIII.D.G.FRAN.REX. Buste lauré à
gauche. R̸. ☩ SIT.NOMEN.DNI.BENEDICTVM
Écu couronné accosté de 2 C couronnés.

Testons de dates et de lettres variées. AR.
(4 pièces.)

CAROLVS . VIIII . D . G . FRANC . REX. Même
buste. ℞. ✠ ... BENEDIC. 1563. Écu couronné.
Teston frappé à Limoges. Denier du même. AR.
(2 pièces.)

CAROLVS . 9 . DEI . G . FRANCO . REX. Même
buste. ℞. ✠ SPX . VINCIT . SPX . REGNAT . SPX .
INP. 1563. Écu écartelé de France et de Dauphiné.
Couronne accostée de 2 C couronnés.
Teston de Grenoble. AR. (1 pièce.)

KAROLVS . 9 . D . G . FRANCOR . REX. (Croissant.)
Même buste. ℞. ✠ XPS . VINCIT . XPS . REGNAT .
XPS . IMP. 1569... Écu couronné accosté de 2 K
couronnés.
Teston frappé à Bayonne. AR. (1 pièce.)

CAROLVS . IX . D . G . FRANCO . REX. Même buste.
℞. ✠ SIT . NOMEN . DNI . BENEDIC . M . D . L . XVII.
Écu couronné et accosté de 2 C couronnés.
Demi-teston frappé à Tours. AR. (1 pièce.)
Double sol parisis. Sol parisis frappé à Poitiers.
Denier tournois. (4 pièces.)

HENRI III.

138. Teston frappé à Paris. AR. (1 pièce.)
Francs. AR. (3 pièces variées.)
Demi-francs. AR. (3 pièces variées.)
Quart d'écu frappé à Rennes. AR. (1 pièce.)
Gros et demi-gros de Nesle. (2 pièces.)
Douzains frappés à Poitiers, Tours et Saint-Lô
(4 pièces.)
Double tournois. (5 pièces.)

Deniers tournois. (3 pièces.)

CHARLES X.

139. *Reims*. — ✠ CHARLES X R.DE.FRANCE. Buste
à gauche. ℞. Denier tournois. 1594. Dans le
champ, 2 fleurs de lys; à l'ex. S.
Denier tournois. (1 pièce.)

140. CAROLVS . D . G . FRANCORVM REX. A. 1590.
Buste à gauche. ℞. ✠ REGALE SACERDOTIVM.
Instruments royaux et sacerdotaux sur un autel.
Belle médaille d'argent. (1 pièce.)

141. Quarts d'écu frappés à Paris, Rouen et Nantes. AR.
(3 pièces.)
Deux autres frappés par Mercœur. AR. (2 pièces.)
Douzain. (1 pièce.)
Doubles tournois. (2 pièces.)

HENRI IV.

142. Franc frappé à Saint-Lô. 1595. AR. (1 pièce.)
Francs frappés à Rouen et à Bordeaux. AR.
(2 pièces.)
Quarts d'écu frappés à Bayonne et à Rennes. AR.
(2 pièces.)
Huitièmes d'écu frappés à Saint-Lô et à Rennes.
AR. (2 pièces.)
Autre huitième frappé à La Rochelle. Écu accosté
de III et de V. AR. (1 pièce.)
Un quart et un huitième aux armes de France et
de Navare. AR. (2 pièces.)
Douzains frappés à Lyon, Saint-Lô, Aix, Paris et
Rennes (ce dernier, faux de l'époque). BILL.
(5 pièces.)

Autre pour le Dauphiné. Autres aux armes de France, Navarre et Béarn. (2 pièces.)

Doubles tournois, dates et lettres monétaires variées. (10 pièces.)

Doubles tournois pour le Béarn. (2 pièces.)

Deniers tournois pour Lyon et Paris, dont un fort beau. (3 pièces.)

LOUIS XIII.

143. LVDOVICVS.XIII.D.G.FRAN.ET.NAV.REX. Écu couronné. ℞. CHRISTVS.REGNAT.VINC.ET. IMP. 1643. Croix tortillée et fleurdelysée. Au centre, A. Tranche ✠ EXEMPLVM PROBATI NVMISMATIS.

Piéfort de l'écu d'or. *Fleur de coin.* (1 pièce.)

144. *Poitiers.* — Essai en argent du denier tournois. 1620.

(1 pièce.)

145. Écu. 1626. OR. (1 pièce.)

Louis. 1641. OR. (1 pièce.)

Denier. 1641. OR. (1 pièce.)

Quart d'écu. 1614. Frappé à Saint-Lô. AR. (1 pièce.)

Quart d'écu pour le Béarn. 1619. AR. (1 pièce.)

Demi-franc frappé à Saint-Lô. 1615. AR. (1 pièce.)

Huitième d'écu. 1618.

Écus blancs. 1642. Aux bustes variés. AR. (2 pièces.)

Louis de 30 sols. 1642 et 1643. AR. (2 pièces.)

Pièce de 5 sols. 1642.

Douzain de La Rochelle. (2 pièces.)

145 bis. Denier tournois. A, 1620 (1). (1 pièce.)
>   Double tournois de 1611, lettres A et D. 1612.
>   A. T. 1613, A. 1614, D. T.
>   1615, A. D. 1616, A. 1617, A. R. 1619, G.
>   1620, G. 1621, A. 1626, A. G. 1628, A. 1629,
>   D. 1631, E. F. H. 1634, E. F. 1635, A. 1636,
>   T. 1637, A. 1638, E.
>   Autre avec une quinte-feuille pour différent.
>   (3 pièces.) 1639, ..LOYS.. 1642, sans lettre mo-
>   nétaire. 1643, A. E.
>   Double Lorrain. 1636, 1637, 1638. (3 pièces.)

LOUIS XIV.

146. Lys d'or. (Bessy-Journet, pl. I, n° 10.)
>   (1 pièce.)

147. Essai en argent du demi-douzain. (Bessy-Journet,
>   pl. XIII, n° 216.)
>   Beau. (1 pièce.)

148. Louis frappé à Nantes en 1656. OR. Fleur de coin.
>   (1 pièce.)
>   Autre frappé à Paris. 1663. OR. (1 pièce.)
>   Écu blanc de 1645 et 1651. AR. (2 pièces variées.)
>   Le même pour le Béarn. 1662. AR. (1 pièce.)
>   Demi-écu. 1646 et 1654. AR. (2 pièces.)
>   Quart. A et D. (2 pièces.)
>   Pièce de 5 sols. 1645. (1 pièce.)
>   Écu blanc pour les années 1665, 1673, frappé à
>   Rennes. (4 pièces.)
>   Demi-écu frappé à Rennes. 1661, 1662, 1673.
>   (3 pièces.)
>   Pièce de 4 sols. Paris et Lyon. (4 pièces.)

(1) Pour l'indication des hôtels des Monnaies, nous avons, par abréviation, donné seulement la lettre monétaire.   3

Pièce de 2 sols. 1674. AR (1 pièce.)
Demi-écu aux 8 L. Rennes. 1690, 1691. (2 pièces.)
Douzième d'écu. 1691. (1 pièce.)
Pièce de 4 sols. 1691, 1692. (3 pièces.)
Écu aux palmes, demi, quart, huitième, frappés à Rennes. (4 pièces.)
Douzième d'écu aux *Insignes*, pièce de 20 sols, de 10 sols, de 5 sols. AR. (6 pièces.)
Demi-Louis d'argent. (1 pièce.)
Écu aux trois couronnes, 9. Quart d'écu, 1711, A. Huitième, T. 9. Seizième, T. AR. (5 pièces.)

1484. Denier tournois. 1649. (2 pièces.)
Liard de 1654 au grand L couronné. Rare.
Liard aux 2 faces. 1657. (1 pièce.)
Liard aux 2 revers, E. Rare.
Liard à la tête juvénile couronnée. A, 1655-6-7. (4 pièces.) B, 1655-6. (5 pièces.) C, 1655-6-7. (3 pièces.) D, 1655-6-7. (3 pièces.) E, 1655-6-7-8. (4 pièces.) F, 1656-7-8. (4 pièces.) G, 1656-7-8. (4 pièces.) I, 1655-6-7. (3 pièces.) K, 1656. R, 1656. T, 1655. X, 1655.
Tête à la perruque. A, 1693, 6-7. (4 pièces.) D, 1691-4. (2 pièces.) E, 1698. H, 1695-6, 8. (3 pièces.) I, 1698. K, 1696-8. (2 pièces.) M. I. O. (3 pièces.) P, 1698. (1 pièce.) S. (1 pièce.) T, 1697-8. (3 pièces.) X, 1693-4, 6. (3 pièces.) Y, 1698. ƆC, 1698. L couronné, 1693-4, 6. (4 pièces.) W. (1 pièce.) 9, 1691-2, 6, 8. (4 pièces.) 1 pièce fausse.
Liard pour la Catalogne. (1 pièce.)
Sol marqué, 1695, 1703. W. I. (ce dernier, faux.) (2 pièces.)
Pièce de 4 deniers. 1698. 2 deniers, BB. (3 pièces.)

Double kreutzer. 1696. BB. (1 pièce.)

Pièce de 6 blancs, dite *Mousquetaire*. 1710, 1715. (2 pièces.)

Moitié de la précédente. AA.

148 B. Six deniers. 1713. H. Très-bel exemplaire.

Autre. H, 1710 1711. N, & 3 pièces d'un type analogue. (8 pièces.)

Obsidionales de Lille. 1708. XX, X et V sols. (3 pièces.)

LOUIS XV. (Sols.)

Première période. — Sol dit de Law.

148 C. A, 1719. Sol. (2 pièces.) Demi-sol. 1720. (2 pièces.)

B. Sol. H, 1722. Sol. (2 pièces.) Demi-sol. 1721. (2 pièces.)

Q. Sol. 1722. (2 pièces.)

S. 1719, 1720. (2 pièces.) Demi-sol. 1720. Liard. 1721. (3 pièces.)

AA, 1719. Sol, demi. (2 pièces.)

BB. Demi-sol. 1720, 1724. (2 pièces.)

Sol. 1728. (1 pièce.)

Sol frappé à Pau en 1724. ℞. PRODVIT | DES MINES | DE FRANCE dans un cartouche.

Double sol. H et W. Une incuse. (3 pièces.)

Sol. T et P. (2 pièces.)

Deuxième période.

Écu dit *Contourné*, frappe d'Aix.

Sol. 1767-8, 70. Demi-sol. 1767, 70, 73. (6 pièces.)

Troisième période.

148ᴰ. A. Sol. 1768, 1773, 1774. Demi-sol. 1768-9. Liard. 1768. (6 pièces.)

D. Sol, demi-sol, liard. 1771. (3 pièces.)

H. Sol. 1774. Demi-sol, liard. (4 pièces.)

I. Sol. 1772-3-4. Demi-sol, liard. 1772-3. (5 pièces.)

M. Sol. 1772-3. (2 pièces.)

N. Sol. 1771. Demi-sol. 1771. (3 pièces.)

S. Sol, demi-sol, liard. 1770. (4 pièces.)

V. Sol, demi-sol, liard. 1771. 2 autres sols variés. (5 pièces.)

AA. Sol. 1774. Demi-sol. 1770-4. Liard. 1770. Autre incus. 1774. (5 pièces.)

BB. Sol. 1771. demi-sol. 1770. (2 pièces.)

W. Sol. 1774. Demi. 1771. Liard. 1773. (3 pièces.)

OC. Sol. 1769. Demi. 1770. (2 pièces.)

Sols coloniaux.

H. 1721, 1722. (2 pièces.)

C couronné pour Cayenne. (2 pièces, dont une avec légende.)

Sol au sceptre et à la main de justice. A.

Pièces de 10 CASH, l'une au coq, l'autre à la fleur de lys. (2 pièces.)

LOUIS XV.

149. Louis aux écus accolés de France et de Navarre. OR. (1 pièce.)

Demi-Louis. A et G. (2 pièces.)

Division de l'écu blanc. 1717. (1 pièce.)

Cinq livres. 1718, 1719. A. E. (2 pièces.)
XX sols. T et C. (2 pièces.)
X sols. T et 9. (2 pièces.)
Louis d'argent. S. (1 pièce.)
Écu blanc. 1720. H. (1 pièce.)
Deux divisions. T et 9. (2 pièces.)
Écu aux 8 L. 1725. (1 pièce.)
Écu aux *Lauriers*. L. E. (2 pièces.)
Demi. E. (1 pièce.)
Quart. 9. (1 pièce.)
Huitième. T. Seizième. 9. BB. (3 pièces.)
Écu au *Bandeau*. L. 9. (2 pièces.)
Demi. W. (1 pièce.)
Huitième. A. K. Seizième. 1743. (3 pièces.)
Écu dit à la *Nouvelle tête*. A. 1774.
Demi. T. Quart. A. (2 pièces.)

LOUIS XVI.

150. LVD.XVI.D.G.FR.ET.NAV.REX. 2 L enlacés; au
centre, une fleur de lys. ℞. Légende en creux.
PIECE FRAPPEE A VIROLLE PLEINE A PARIS
AVEC VITESSE. Dans le champ, TROIS·SOLS.
+1787 dans une couronne formée de 33 fleurs
de lys.

Essai en argent. Fleur de coin. Inédit. (1 pièce.)

151. Louis de 1787. Écus accolés de France et de Navarre. T. OR.

Écu de 1778. H. (Fleur de coin.) (1 pièce.)
Demi. 1777. T. (1 pièce.)
Pièce de 24 sols. A. 1776. (1 pièce.)
Pièce de 12 sols. 1778, 1780. A. (2 pièces.)
Pièce de 6 sols. 1779. (Type de Louis XV.)

Pièce de 6 sols. 1783. (1 pièce.)

Écu. L. M. (2 pièces.)

Demi. 1791. (1 pièce.)

Demi. 1792. A. Rare.

Louis constitutionnel. OR. (2 pièces.)

Écus de 6 liv. 1792 et 1793. (2 pièces.)

Demi de 1792. (1 pièce.)

Pièce de 30 sols. 1791, 1792. (2 pièces.)

Pièce de 15 sols. 1791. I. T. (2 pièces.)

Sols. (*Roi de France.*)

151 ^A. A. Sol. 1785, 89, 91. (9 pièces dont 1 incuse.)

Sol. 1791. Cuivre rouge très-beau.

Demi-sol. 1780, 3. (1 pièce incuse.) Liard. 1780. (4 pièces.)

B. Sol. 1785, 9, 91. Demi-sol. 1785, 91. Liard. 1791. (7 pièces.)

D. Sol. 1779, 84, 85, 91. (1 pièce incuse.) Demi-sol. 1788. (11 pièces.)

H. Sol. 1779, 81, 87, 91. Demi-sol, 1781, 91. Liard. 1781, 91. (8 pièces.)

I. Sol. 1780, 84, 91. (1 pièce incuse.) Liard. 1784. (11 pièces.)

K. Sol. 1783, 84, 88, 89, 90, 91. Demi-sol, liard. 1791. (11 pièces.)

L. Sol, demi, liard. 1785. (3 pièces.)

M. Sol. 1780, 90, 91. (1 pièce incuse.) Demi-sol, 1789. Liard. 1784. (8 pièces.)

N. Sol. 1779, 90, 91. Demi. 1790. (4 pièces.)

R. Sol. 1781, 86, 89, 91. (1 pièce incuse.) Demi, liard. 1789. (9 pièces.)

T. Sol. 1786, 91. Demi-sol. 1788. 91 Liard.

1785, 91. (1 pièce incuse.) Liard de 1789 frappé
sur le flan d'un demi-sol. (12 pièces.)
AA. Sol. 1781-2-3-4, 91. Demi. 1780, 88. Liard.
1786. (11 pièces.)
BB. Sol. 1791. Demi-sol. 1783. (4 pièces.)
W. Sol. 1783-84, 90, 91. Demi-sol. 1778, 1791
Liard. 1779. (11 pièces.)
A dans M. Sol. 1791. Demi. 1788, 1791. Liard.
1788. (4 pièces.)
&. Sol. 1782-83-84, 87. Demi-sol. 1779. Liard.
1782. (6 pièces.)
Une *vache*. Sol. 1779. 1784. Demi-sol. 1783, 85-
86. (6 pièces.)

Pièces coloniales.

Pièces de 3 sols des iles de France et de Bourbon. 1779-80. (1 fausse.) (3 pièces.)
Pièces de 2 sols de Cayenne. 1789. (1 fausse)
(3 pièces.)

Sols. (*Roi constitutionnel.*) 1791.

151.ᴮ. A. Double sol, sol. (11 ps variées dont une fausse.)
B. Double sol. (1 pièce.)
D. Sol. (1 pièce.)
I. Sol. (2 pièces.)
K. Sol. (2 pièces.)
L. Double sol, sol. (3 pièces.)
M. Sol. (1 pièce.)
N. Sol. (2 pièces.)
Q. Sol. (1 pièce.)
R. Double sol, sol. (2 pièces.)
AA. Double sol, sol. (3 pièces.)

BB. Sol (1 pièce.)
W. Double sol. (1 pièce.)
A dans M. Sol. (2 pièces.)

1792.

A. Double sol, sol. (10 pièces variées.)
B. Double sol, sol. (8 pièces.)
D. Double sol, sol, 3 deniers. (8 pièces.)
H. Double sol, sol. (7 pièces.)
I. Double sol, sol, 6 deniers, 3 deniers. (7 pièces.)
K. Double sol, sol. (3 pièces.)
L. Double sol, sol. (6 pièces.)
M. Double sol, sol. (3 pièces.)
N. Double sol, sol. (4 pièces.)
Q. Double sol, sol. (5 pièces.)
R. Double sol, sol. (3 pièces.)
T. Double sol, sol. (5 pièces dont une fausse.)
AA. Double sol. (4 pièces.)
BB. Double sol, sol. (9 pièces.)
Sol frappé au droit avec le coin de la pièce de 30 sols.
Demi-sol, 3 deniers. (2 pièces.)
W. Double sol, sol. (6 pièces.)
Une *vache*. Double sol, sol. (6 pièces.)
A dans M. Double sol, sol. (4 pièces.)

1793.

A. Double sol, sol. (4 pièces.)
B. Double sol, sol. (2 pièces.)
D. Double sol, sol. (4 pièces.)
K. Sol, 6 deniers. (2 pièces.)
L. Sol. R. L. 1793. An 4

Double sol, sol. (3 pièces.)

M. Sol. (1 pièce.)

N. Double sol, sol. (2 pièces.)

Q. Double sol. (2 pièces.)

R. Double sol, sol. (5 pièces.)

T. Double sol, sol, 6 deniers. (8 pièces)

AA. Double sol. (1 pièce.)

BB. Double sol. (2 pièces.)

W. Double sol, sol. (5 pièces.)

Une *vache*. Sol. (1 pièce.)

A dans M. Double sol, sol. (2 pièces.)

Double sol, sol, pièces incuses ou surfrappées. (8 pièces.)

Monnaies transitoires.

151^c. Petit dixain en métal de cloche. 1791.

Cinq décimes de Robespierre.

Sol colonial de 1767 poinçonné de R F.

Médailles de confiance.

Monneron de 5 sols; date en chiffres romains.

Autre; date en chiffres arabes. ℞. AN III DE LA LIBERTE.

Le même avec an IV. (1 pièce.)

Variété. ℞. MÉDAILLE QUI SE VEND...(1 pièce.)

Variété à l'Hercule. (1 pièce.)

Monneron de 2 sols. 1791. (1 pièce.)

Autre. 1792.

Médaille de 2 sols de Clemenson, cuivre jaune.

151^D. Bons de Lefèvre et Cie, 20, 10 et 5 sols. (3 pièces.)

Bons de la caisse de Bonnefoi, de 3 sols (rare) et de 2 sols 1/2. (2 pièces.)

Caisse populaire, pièce de 18 deniers.

Monnaies républicaines.

Écu de 6 livres avec les deux dates. (1 pièce.)
Le même sans 1793 à l'ex. du droit.
Essais du sol républicain (rare) et du double sol.
(2 pièces.)

Sol républicain.

151ᴱ. B. Double sol. (2 pièces.)
D. Sol. (6 pièces.)
H. Double sol, sol, demi-sol. (4 pièces.)
I. Double sol et sol avec et sans 1793 à l'ex. du revers. (6 pièces.)
L. Sol. (2 pièces.)
N. Double sol, sol. (3 pièces.
R. Double sol. Autre sans 1793. (2 pièces.)
T. Double sol, sol. (2 pièces.)
AA. Double sol, sol. (7 pièces.)
BB. Double sol. Autre sans 1793. Sol. (5 pièces.)
W. Double sol. Autre sans 1793. Sol. (9 pièces dont 2 fausses.)
Une *vache*. Double sol. Autre sans 1793.
Sol. Autre sans 1793. (7 pièces dont 1 fausse.)
A dans M. Sol. (1 pièce.)
Double sol, sol. (4 pièces fausses ou incuses.)
Siége de Mayence. 5, 2 et 1 sols. (3 pièces.)

Sols à la tête de la Liberté.

An 4.

151ᶠ. A. 2 décimes, décime, 5 centimes. Très-beaux exemplaires. (3 pièces.)

D. Décime. (1 pièce.)

I. 2 décimes, décime, 5 centimes. (3 pièces.)

An 5.

151⁶. A. 2 décimes. (Rare.) (1 pièce.)

2 décimes de l'an 4 surfrappé. 2 décimes de l'an 5 surfrappé. Décime surfrappé. Autre avec CNIQ CENTIMES, 1 décime, 5 centimes, une pièce incuse. Autre avec CNIQ CENTIMES. (18 pièces.)

B. 2 décimes surfrappé, 1 décime, 5 centimes, décime surfrappé. (5 pièces.)

D. 1 décime, 5 centimes. (2 pièces.)

I. 2 décimes an 4 surfrappé, 1 décime, décime surfrappé, 5 centimes. (6 pièces.)

R. 2 décimes surfrappé, décime surfrappé, 1 décime, 5 centimes. (7 pièces.)

T. 2 décimes surfrappé, 1 décime, 5 centimes. (Très-rare.)

Autre frappé au droit avec le coin de la pièce de 1 décime. (4 pièces.)

AA. 2 décimes surfrappé, 1 décime, 5 centimes. (3 pièces.)

BB. 5 centimes. (1 pièce.)

W. 2 décimes surfrappé, 1 décime, 5 centimes. (4 pièces.)

An 6.

A. 5 centimes, 1 centime. (2 pièces.)

K. 5 centimes. (1 pièce.)

BB. 5 centimes. (1 pièce.)

An 7.

A. 1 décime. Autre en laiton, 5 centimes, 1 centime. (6 pièces.)

D. 1 décime, 5 centimes. (2 pièces.)
K. 1 décime, 5 centimes. (2 pièces.)
BB. 1 décime, 5 centimes. (2 pièces.)
W. 1 décime. Autre en métal de cloche, 5 centimes. (3 pièces.)

An 8.

A. 1 décime, 5 centimes, 1 pièce incuse. 1 centime. (8 pièces.)
D. 5 centimes. (2 pièces.)
G au *lion.* 1 décime, 5 centimes. (2 pièces.)
I. 1 décime, 5 centimes. Autre frappé au revers avec le coin de 1 décime. (3 pièces.)
K. 1 décime, 5 centimes. (3 pièces.)
AA. 1 décime, 5 centimes. (2 pièces.)
BB. 1 décime, 5 centimes. (4 pièces.)
W. 1 décime, 5 centimes. (2 pièces.)

An 9.

D. 5 centimes. I. 1 décime. (2 pièces.)
G au *lion.* 1 décime, 5 centimes. (2 pièces.)
BB. 5 centimes. (1 pièce.)
Essai de Gengembre au type de Lavoisier.
151ᵇ. 5 francs. G *au lion.* An 9. (2 pièces.)
Autre. An 10.

Consulat.

An XI. Pièce de 5 fr., 1 fr. (2 pièces.)
An XII. Pièce de 5 fr., 2 fr., 1 fr., 1/2 fr., 1/1 fr. (4 pièces.)

NAPOLÉON Iᵉʳ.

An XII. Pièce de 5 fr., 1/4 fr. (2 pièces.)

An XIII. Pièce de 40 fr. à fleur de coin. OR.

An XIII. Pièces de 5, 2, 1, 1/2, 1/4 fr.

An XIII. Pièces de 5 et de 2 fr. frappées à Turin. (2 pièces.)

Pièces de 2 et 1 fr. G au *poisson.* (2 pièces.)

An XIV. Pièce de 5 fr., 1/4 fr. 1806. (fleur de coin.) (3 pièces.)

1807. 5 fr. 1/4 fr. à la tête nue. 1/4 fr. à la tête laurée. (4 pièces.)

1808. 5 fr. 1 fr. 1/2 fr. (7 pièces.)

Pièce de 5 fr. frappée à Turin. (1 pièce.)

1809. 1 fr. frappé à Turin. 1/4 fr. Paris. (2 pièces.)

1810. 5 fr. 2 fr. 1 fr. Turin. (3 pièces.)

1 fr. 1/2 fr. Paris. (2 pièces.)

1811. 5 fr. Turin. (1 pièce.)

1812. 5 fr. 1 fr. Turin. (2 pièces.)

Pièce de 5 fr. frappée à Rome. (1 pièce.)

5 fr. 2 fr. 1 fr. Utrecht. (3 pièces.)

1/2 fr. A.I.T. (3 pièces.)

1813. Pièce de 20 fr. Utrecht. OR.

5, 2, 1, 1/2 fr. Utrecht. (4 pièces.)

5 fr. Turin. (1 pièce.)

5 fr. Gênes. (1 pièce.)

1/2 fr. Paris. (1 pièce.)

1814. 5 fr. Paris. (1 pièce.)

BB. NAPOLEON EMPEREUR 1808 en creux. Dans le champ, 5 CENT. $\mathbf{R}$. N azuré dans une couronne de laurier en creux. (1 pièce.)

10 centimes BILL. Lettres A.B.H.I.M.T.W. (10 pièces dont quelques-unes fausses.)

1814. Blocus de Strasbourg. Décime à l'N couronné. Siége d'Anvers. 10, 5 centimes. (4 pièces.)
1815. Pièces de 5 et 2 fr. (2 pièces.)
1815. Décime à l'N de Strasbourg.

Famille Bonaparte.

152. *Naples*. — Joseph. — 120 grana. AR. (1 pièce.)
Murat. — 5 livres. 1812, 1813. (2 pièces.)
2 livres, 1 liv., 1/2 liv. AR. 3 et 2 grana C.
(5 pièces.)
Hollande. — Louis. — 50 ss. Très-belle. AR.
2 pièces pour Java. 1810. C. (3 pièces.)
Westphalie. — Jérôme. — 2 FRANK. 1808. AR.
(1 pièce.)
20, 10 cent. 1812. BILL. (2 pièces.)
5, 3, 2, 1 cent. C. (4 pièces.)
Pièces au type Westphalien. AR. (2 pièces.)
Espagne. — Joseph. — Pièce de 4 réaux. 1 pièce.
C. (2 pièces.)
Pièces de 4 et 2 QUARTOS. (4 pièces.)

LOUIS XVIII.

153. Pièce de 5 fr. au buste habillé. 1814, 1815.
(2 pièces.)
1814-5. Décime de Strasbourg à l'L couronné.
Siége d'Anvers. 10 et 5 centimes. (4 pièces.)
1819. Pièce de 5 fr. à fleur de coin. (1 pièce.)
Pièce de 2 fr. Autre incuse. (Très-belle.) (2 pièces.)
Pièce de 1 fr., 1/2, 1/4. (5 pièces.)
Pièce de 10 centimes pour l'île Bourbon et la
Guyane. (2 pièces.)

CHARLES X.

154. Pièce de 5 fr. 1827, 1830. Beaux exemplaires. (2
pièces.)
Pièce de 2 fr., 1 fr., 1/2 fr., 1/4 fr. (13 pièces.)
Sol colonial. 10 centimes. 1825-7-8-9. 5 cen-
times. 1825-7-8-9, 1830. Lettres A et H. (9
pièces.)
Pièce de 10 centimes. Fabrique du Wast. (Rare.)
Essai de Moreau.

HENRI V.

155. Franc. (3 pièces dont une fausse.)
3 médailles variées.

LOUIS-PHILIPPE Ier.

156. 1830. Pièce de 5 fr. LOUIS PHILIPPE. Autre
LOUIS PHILIPPE I. (2 pièces.)
1831. Type jeune. 5 fr., 1 fr. (2 pièces.)
1831. Type vieilli. 5 fr. (1 pièce.)
1832-3. 2 fr., 1 fr., 1/4. (4 pièces.)
1836, 8-9. 1/2 fr. 1/4. (3 pièces.)
1840-1-2-3-4. 1 fr., 1/4. (6 pièces.)
1845. 2 fr., 50 c., 25 c. Pièces frappées à Paris
avec le coin de Rouen. (Cat. Del., 872.) (3 pièces.)
1846-7. 1 fr., 50 c., 25 c. (3 pièces.)
1848. 5 fr., 2 fr., 1 fr., 50 c. Pièce de 50 c.
incuse. (6 pièces.)
Pièces coloniales. 10 c. Guyane. Beaux exemplaires. (2 pièces.)
10 centimes. 1839, 1841, 1843, 1844. (7 pièces.)
Pondichéry. (2 pièces variées.)
Essai de la virole brisée. 1845. (1 pièce.)

République.

137. Tête de Liberté. Essai de la pièce de 5 centimes.
1 centime. 1848-9-50-51. (5 pièces.)

Présidence.

Pièce de 5 fr. A l'ex. du droit. J. J. BARRE.
Rare. (1 pièce.)

NAPOLÉON III.

Pièce de 5 fr. au manteau impérial. 1854.
Flan aux différentes phases de la fabrication.
découpé, cordonné, recuit, décapé. Atelier de Bordeaux. 10 et 5 centimes, essai d'alliage, pièces
courantes. (8 pièces.)

MONNAIES SEIGNEURIALES.

—

BOUILLON.

138. *Henri de la Tour.* — HENRICVS DE LA TOUR
DVX BVLLIONÆVS. Aigle éployé. En dessous
XV. 1613. ℞. SVPREMVS PRINCEPS SEDA-
NENSIS. Écusson couronné.
Demi-écu. Très-beau. (1 pièce.)

NAVARRE.

138 bis. *Jeanne.* — IOANA.DEI.G.REG.NAVAR.D.B.
8 S barrés forment la croix; aux extrémités 4 lys;
dans les cantons, 2 I et 2 couronnes. ℞. G.DEI.
SVM.ID.QVOD SVM. 1569.

Écusson couronné. OR. (1 pièce.)

FLANDRE.

159. *Cambrai*. — M . A . BER . D . G . ARCH . EPS . D . CA-
MER. Écusson couronné. ℟. IN ✠ HOC . SOLO .
GLORIA. Croix fleurdelysée.
Écu. OR. (1 pièce.)

SOISSONS.

159 bis. *Abbaye de Saint-Médard*. — SCi MEPDI CA-
PAT. Tête casquée à droite. ℟. A étudier, sans
doute *Sébastiani*. Dans le champ, croisette et éten-
dard.
Denier et obole. (2 pièces.)

HAINAUT.

160. *Guillaume III*. — Franc à cheval. (*Chalon*, n° 98,
pl. XIII, et *Rev. Num.*. 1840, pl. XXV, n° 2.)
OR. (1 pièce.)

BRETAGNE.

160 ᴬ. *Charles-le-Chauve*. — ✠ GRATIA D-I REX.
Monogramme carolin. ℟. ✠ HREDONIS CIVI-
TAS. Croix égale.
Denier cassé. (*Bigot*, pl. IV, n° 10.)
160 ᴮ. *Géoffroy*, comte de Nantes. — ✠ GAVFRIDVS.
Croix pattée, évidée en cœur. ℟. ✠ BRITANNIE.
Lys cantonné de 4 annelets.
Denier. (*Bigot*, pl. VII, n° 8.)
160 ᶜ. *Pierre Mauclerc*. — ✠ DVX BRITANNIE. Dreux
au franc quartier de Bretagne. ℟. ✠ CASTRI
GIGANPI. Croix cantonnée d'un châtel au 2ᵉ
Denier. (*Bigot*, pl. IX, n° 3.)

160[a]   *Jean I*. — ✠ IOhANNES DVX. Croix égale
R. ✠ BRITANNIC autour de l'écu triangulaire de
Dreux au franc quartier de Bretagne.
    Denier de billon. (*Bigot*, pl. X, n° 11.)

160[b]   *Jean II*. — ✠ DVX BRITANNINE. Dreux au franc
quartier de Bretagne. R. ✠ CASTRI GIGANPI.
Croix égale cantonnée d'un châtel et d'une moucheture.
    Obole de billon. (*Bigot*, pl. XI, n° 3.) Rare.

160[c]   *Jean III*. — ✠ IOhANNES DVX. Dreux au franc
quartier de Bretagne. R. ✠ BRITANNIE. Croix
égale cantonnée d'un N au 2°.
    Denier de billon. (*Bigot*, pl. XIII, n° 5.) Rare

160[d]   *Charles de Blois*. — ✠ KAROLVS:BRITAN
Sous 3 mouchetures renversées, DVX. R. ✠ MO-
NETA ✚ GINGAPI. Croix trifoliée à queue
formée par la moucheture qui coupe la légende
    Billon noir. (*Bigot*, pl. XVIIIbis, n° 1.)
      Ce type est tout nouveau pour la Bretagne.

160[e]   Même avers. R. ✠ MONETA ✚ NA:NE:T
Même croix.
    Billon noir. (*Ibid.*, XVIIIbis, n° 2.)

160[f]   Même avers. R. ✠ MONETA✚REDON. Même
croix.
    Billon noir. (*Ibid.*, XVIIIbis, n° 3.) (2 pièces.)

160[g]   ✠ KAROLVS:DVX. Dans le champ. BRI | TAN
en deux lignes.
    R. MONETA○REDON. Croix trifoliée à pied
    Billon noir. (*Bigot*, pl. XVIII, n° 8.)

160[h]   *Jean IV*. — ✠ IOhANNES.DEI.GRACIA &
Lion de Montfort tenant la targe aux armes de
Bretagne. R. ✠ XPS VINCIT XPS. etc.

Gros et demi-gros. (*Bigot*, pl. XXV, nos 1 et 3.)

160^L. Blanc aux 9 hermines de Nantes, Rennes et Vannes.
4 pièces variées. (*Bigot*, pl. XXVI, n° 1.)

160^M. *Jean V*. — Blanc aux 9 hermines de Rennes
Billon. (*Bigot*, pl. XXVII, n° 8.)

160^N. ✠ IOhANNES×BRITONV×DVX×R. 3 mouche-tures sous une couronne. ℞. ✠ SIT.NOMEN, etc. Croix trifoliée.
Blanc de billon. (*Bigot*, pl. XXVIII, n° 5.)

160°. Même légende. Targe échancrée; lettre R.
Blanc de billon. (*Bigot*, pl. XXIX, n° 9.)

160^P. ✠ IOhANNES . DVX . R. Hermine passant. ℞. ✠ MONETA.BRITANIE. Croix égale.
Billon noir. (*Bigot*, pl. XXX, n° 5.)

160^Q. ✠ IOhANNES.DVX.R. 3 mouchetures dans un trèfle. ℞ ✠ MONETA :BRITANIE. Croix égale.
Billon noir. (*Bigot*, pl. XXX, n° 9.)

160^R. *François II*. — Gros à la targe chargée de 6 mouchetures, 3. 2. 1; lettre R.
Billon. (*Bigot*, pl. XXXIII, n° 2.)

160^S. *Anne*. — ✠ ANNA :BRITON.DVCISSA :R. Hermine passant surmontée d'une moucheture; dessous, un R. ℞. ✠ MONETA:BRITANIE: R. Croix posée en sautoir, cantonnée d'une moucheture aux 1er et 4e.
Billon noir. (*Bigot*, pl. XXXV, n° 4.)

160^T. *Charles VIII*. — Dizain de Rennes à l'écu trilobé.
Billon. (*Bigot*, pl. XXXVI, n° 3.)

NORMANDIE.

160^U *Charles-le-Mauvais*. ✠ KAROL. DEX FRA

F*. Couronne R. ✠ MONETA DVPLEX
Croix fleurdelysée
Billon. (*Poey d'Avant, pl. II, n° 21*)

MONNAIES ÉTRANGÈRES.

—

ANGLETERRE. — ÉCOSSE.

161 Édouard II, deniers. Édouard III, gros, 1 4 de
gros. Henri VIII, teston. Charles II, Jacques II,
Georges II, Georges III, Georges IV, Guillaume IV,
Victoria, Jacques V d'Écosse, (teston.) AR et
C. (51 pièces.)

DANEMARK, NORWÉGE ET SUÉDE.

162 Christiern VII, Christiern VIII, Frédéric VI, Chris-
tiern VIII. — Christine, Charles XI, Charles XII,
Frédéric Ier, Frédéric II, Gustave III, Gustave IV,
Charles XIII, Charles XIV (Bernadotte). Oscar
AR., BILL. et C. (49 pièces.)

RUSSIE ET POLOGNE.

163. Élisabeth. Catherine II, pièces pour la Sibérie;
Paul Ier, Alexandre Ier, Nicolas. Jean Casimir,
pour la Lithuanie, 1766; Stanislas Auguste. Du-
ché de Pologne, 1811; guerre de l'indépendance,
1831. 2 ZLOTE. AR., BILL. et C. (33 pièces.)

PRUSSE.

164 Osnabruck, Rostock, Cosveldt, Prusse, Hamma,
Munster, Saxe, Mayence, Soest, Cologne, Bruns-

wick - Lunebourg, Hambourg. Campen, Saltz-
bourg (évêques de) AR. BILL. et C. (61
pièces.)

PAYS-BAS.

163. Hollandia, 1739. Utrecht. 1791. West - Frisia,
1739. 1780. Groningue. 1770. Over - Yssel.
1765-6. Gueldres, 1626, 1752-4-5-94. Zélandia,
1678. 1764. Compagnie hollandaise, pièces aux
types d'Utrecht, Zélande et Over-Yssel. AR. et C.
(25 pièces.)

HOLLANDE.

Guillaume Ier. 10, 5, 2 et 1 cent. BILL. et C.
(6 pièces.)
Guillaume II, gulden, 1/2 gulden; 25, 10 cent
AR. (4 pièces.)
Guillaume III, 10, 5 cent. AR. (2 pièces.)

BELGIQUE AUTRICHIENNE.

Marie-Thérèse, Joseph II, Fédération belge, Léopold II, François II. C. (16 pièces.)

BELGIQUE.

1 2 stuber de Berg surfrappé de DOUANES BEL-
GIQUES. Léopold Ier, 10, 5, 2, 1 cent. Gand,
monnaie fictive, 5. 1 cent. (7 pièces.)
Médaille commémorative. Bruxelles, jeton de la
société des chasseurs volontaires, 1838, Anvers,
monument de Rubens (HART), métal blanc, diam.
0,045. Ouverture du chemin de fer de Verviers à
Aix-la-Chapelle, 1843. (3 pièces.)
Mariage du duc de Brabant. Module des pièces de
5 fr. et de 10 fr. Deux médailles de HART en
métal blanc 0,109 et 0,045 (4 pièces.)

25ᵉ anniversaire. Module des pièces de 2 fr. et 5 cent. Autre, cuivre jaune. (4 pièces.)
Belle médaille de HART (0.11). BR. Autre de DARGENT (0.10). Caoutchouc durci.

LUXEMBOURG.

Marie-Thérèse, 1751. Léopold II, 1 sol. 1790. 1/8 sol, 1773, demi-liard, 1783, 1789. C. (6 pièces.)
François II. obsidionale. 1 sol. 1796.
Guillaume, médaille. 1815. Pièces courantes de 5 et 2 cent. (3 pièces.)

LIÉGE.

166. Jean H de Horn. OR à bas titre. Siége vacant. 1688. Georges, 1727. Siége vacant. 1744. Théodore, 1744, etc., etc. C. (14 pièces.)

BERG.

1 stuber, 1738. Charles, Théodore. 3 stuber. 1 2. 1/4. Maximilien Iᵉʳ, 3 stuber. 1 2. Joachim Murat. 3 stuber, 1806. (12 pièces.)

CLÉVES.

BILL (2 pièces.)

JULIERS.

Renaud, duc de Gueldres, florin. OR.

AIX-LA-CHAPELLE.

Franciscus I, etc., etc. G. III MARCK. 1754. BILL. XII heller. 9 années variées. (11 pièces.)

— 55 —

GRAND DUCHE DE BADE.

1 2 gulden. AR. 6 K. BILL. 1 k 1 2 (5 pièces.)

AUTRICHE.

Marie-Thérèse, rixdaler d'Autriche. 1780. AR.
Moitié de l'habekopfs ou 3 kreutzer, 1772. BILL.
(3 pièces.)
Joseph II, 1789. BILL. (1 pièce.) François II,
20 kreutzer, 6, 3, 1, 1 2, K. — 30, 15, 3, 1
1/2 K. (16 pièces.)
Ferdinand Iᵉʳ, pièce de 20 k. pour la Hongrie.
AR. 3 k. (2 pièces.)
Hongrie, 1848. C. (1 pièce.)
François-Joseph Iᵉʳ, 20 k. Fleur de coin. AR.
6 k. 1849. BILL. 1 K. 1851. (3 pièces.)
VORD. OEST. SCHEID. MVNZ. 6 et 3 kreutzer,
1804, 1794. BILL. (2 pièces.)

TYROL.

Léopold IV. 1686, 3 k., 1 k., 1809. (2 pièces.)

FRANCFORT-SUR-MEIN.

1 kreutzer, 6, 3, 1 k. 1 heller. C. (6 pièces.)

HESSE.

1 k. 1773. 2 albus, 1780. 1/6 thaler, 1/2 stuber,
1842. 1 heller, 1843. (5 pièces.)

TRANSYLVANIE.

1 heller, 1623. C. (1 pièce.)

VENISE.

467 Pièces de cuivre et jetons. (7 pièces.)

Manin. 1795. Talaro. AR. (2 pièces.)
François II, livre et 1 2. 1802, 1 4. 1822. 1
cent., 1822. 3. 1834. (5 pièces.)
Gouvernement provisoire, 5 cent., 3 cent., 1849.
(4 pièces.)
François-Joseph, 5. 3 et 1 centimes, 1853. C.
(4 pièces.)

MILANAIS.

Philippe II, écu, 1585. AR. (1 pièce.)
Charles II, Carolus II, IM. Tête à droite. 17....
R̸. MLXIDVX surmonté d'une couronne. SESIMO
DI MANTOVA, 1706. 1 soldo, 1733. (3 pièces.)
Marie-Thérèse, 1 soldo, 1777, mezzo-soldo, 1799.
Autre, 1797. 2 soldi, soldo, 1799. C. (7 pièces.)
Siége de Mantoue. ASSEDIO DI MANTOVA
R̸. VN | SOLDO | DI | MILANO.
François. 1 livre, 1819. Autre, 1824, 1 2. AR
3 cent., 1 cent. (5 pièces.)
Ferdinand Ier, 1 livre, 1843. Ar.
Gouvernement provisoire, 5 livres. AR. (Belle.) .
François-Joseph. 5 et 3 cent. C. (5 pièces.)

PARME.

Marie-Louise, 5 livres. 2. 1. 1 2. 1 4. 1815 et
1830. AR. 5 centimes, 1830. Une petite pièce en
plomb. (8 pièces.)

DUCHÉ DE LUCQUES ET PIOMBINO.

168. Bacciochi et Élisa, 5 fr., 1805-6-7-8, 1 fr. 1806-8.
AR. 3 cent., 1806. C. (8 pièces.)

DUCHÉ DE LUCQUES.

Charles-Louis, 2 lira. 1837. lira. 1837. AR

Soldo, 1826, 1841, 2 quattrini, 1826, 4 deniers
(7 pièces.)

FLORENCE.

Florin. OR. (1 pièce.)
Charles-Louis et Marie-Louise, piastre, 1806.
lira, 1806. AR. Mezzo soldo, médaille du 21
prairial an IX. BR. (4 pièces.)
Ferdinand III, quattrino, 1822. (1 pièce.)
Léopold II, demi-paul, 1839. AR. 10 quattrini,
1827, 5, 1830. BILL., 3, 1853. C. (5 pièces.)

ROYAUME D'ITALIE.

5 livres, 1807. Milan, coin libre. AR. (1 pièce.)
5 livres, 1812. Milan. AR. (1 pièce.)
2 livres, 1812, 1813. Bologne, Venise, Milan. AR.
(3 pièces.)
1 livre, 1814. Milan. 15 sols, 1808. Milan. AR.
(2 pièces.)
10 soldi. Milan, Venise, Bologne. 5 soldi. Milan.
AR. (5 pièces.)
10 cent., 1813. Milan. BILL. 5 cent., 1808
1812. Milan. 3 centimes, 1808. Bologne. 1 cent.,
1808. Milan. (5 pièces.)

ÉTATS DE L'ÉGLISE.

169. Innocent XII. ℞. DA PAUPERI, 1696. Mezzo-
grosso. AR. (1 pièce.)
Clément XII, grosso. AR. (1 pièce.)
Benoît XIV, duc bacciochi, 1748. BILL. Baiocco,
1742, mezzo-baiocco frappé à Ferrare. C. (3
pièces.)
Pie VI, mezzo-scudo. 1777 (Bonneville, pl. XII.

n° 77.) AR. 5 baiocchi. 1797. C. Autre frappé à
Pérouse. Baiocchi due et mezzo, 1796, frappé à
Foligno. Quattrino. 2 autres frappés à Bologne et
une moitié. (8 pièces.)
SCVDO de la communauté de Bologne. 1796
(*Bonneville*, pl. III, n° 9.) AR. (1 pièce.)
Mezzo-scudo au même type, 1797. AR. (1 pièce.)
République romaine. due baiocchi. 1 baiocco.
mezzo-baiocco, mezzo-baiocco fermo. (5 pièces
variées.)
Pie VII, grosso. 1816. frappé à Bologne. AR.
Baiocco. 1801. pour l'église de Latran. Baiocco.
1802, mezzo. 1802, quattrino, 1802, quattrino,
1816. Bologne. 1816. Rome. (8 pièces.)
Léon XII, mezzo-baiocco. Quattrino frappé à
Rome. Autre à Bologne. (3 pièces.)
Pie VIII, testone. Rome. 1830. (1 pièce.)
Siége vacant, testone. Bologne, 1830. (1 pièce.)
Grégoire XVI, papetto, 1834. Types variés, paolo.
1843, Bologne. Grosso, 1841, Rome. 1843, Bo-
logne. AR. Baiocco, 1839, Bologne. 1843, Rome.
Autre incus. Mez. Bai., Rome, 1843. Quattrino.
1839. 1843. (11 pièces.)
Pie IX. paolo. 1848. AR. 2 Bai.. 1849. Rome.
Baiocco-mezzo, Rome. 1849. (4 pièces.)
République romaine, 40 baiocchi, 16, 8, 4, 3. 1
Mezzo. (8 pièces.)
REPUBLICA ROMANA. Dans le champ, faisceau
surmonté du bonnet phrygien. ℞. 1 dans une
couronne nouée d'un ruban. BAIOCCO | 1849
EX A C

40 Baiocchi. 20, 10 et 5. Pièces apocryphes du siége de Rome. (4 variétés.)

Un lot : 8 Baiocchi, 4, 3, 1/2. (9 pièces.)

Restauration de Pie IX.

Scudo, 1853. AR. (1 pièce.)

Mezzo-scudo, 1853. Papetto, 1850. Grosso, 1853. AR. (4 pièces.)

5 baiocchi, Rome, 1849. Bologne, 1851. 2 bai., Bologne, 1851. Rome, 1850, 1852. 1 bai., Bologne, 1851. Rome, 1850, 1851. Mezzo-baiocco, Rome, 1850. Quattrino, Rome, 1851. C. (2 pièces.)

Plomb de bulle de Grégoire IX. (1 pièce.)

Petite médaille de jubilé de 1600. (Clément VIII.)

Pie VII à Paris. Petites médailles ovales. (2 pièces.)

Léon XII, ouverture du Jubilé, grand bronze. Jubilé de 1826, médaille populaire. (2 pièces.)

Pie IX, médaille de sa restauration, 1849. — Médaille frappée à Paris aux frais du Conseil Général de la Société de Saint-Vincent-de-Paul. BR. (2 pièces.)

GRÈCE.

170. Guerre de l'indépendance. 20 ΛΕΠΤΑ. 1831. 10. 1830, 1831. 5. 1828. 1830. C. (6 pièces.)

Othon, 5 ΔΡΑΧΜΑΙ, 1833. 1, 1845, 1/2. 1834. AR. (3 pièces.)

10, 5 ΛΕΠΤΑ. (3 pièces dont 1 fausse.)

Iles Ioniennes. Pièces frappées par l'Angleterre. C. (3 pièces.)

MOLDO-VALACHIE.

Pièce de 2 et 1 ΠΑΡΑ, 1772, 1773, 1774. C. (3 pièces.)

TURQUIE.

Constantinople.

Mahmoud II. 2 pièces. BILL. 1223. 27. 29
Autre, le Toghra dans une double guirlande.
1213, 23. Moitié, années 25 et 26, quart 32 (6
pièces.)
Abdul-Medjid, 1255. 1 demi. an 3. Divisions
(4 pièces variées.)
Monnaie d'argent. 1 pièce de l'an 9. Division an
6. autre, an 15, autre, an 8, autre, an 13. an 18.
autre, an 14. AR. (10 pièces.)
Monnaie de cuivre, 1255. An 16, division, an 16.
division. an 15, division, an 13. (7 pièces.)

ESPAGNE.

171. Ferdinand et Isabelle. ℞. SVB VMBRA &. Double
ducat. OR. (1 pièce.)
Autre. ℞. SVB VMBRA. OR. (1 pièce.)
4 pièces variées. AR.
Philippe III. Petite pièce frappée à Barcelone.
1611. AR. (1 pièce.)
Charles II, 1695. C. (1 pièce.)
Philippe IV. C. (5 pièces.)
Philippe V, 1749. Petite pièce ou Veinten. OR.
(1 pièce.)
Cinquième de piastre. 1721. AR. 1 pièce. C. (2
pièces.)
Charles III. Seizième de quadruple ou petit écu
d'or. 1786. OR. (1 pièce.)
Cinquième de piastre. 1779. Réalillo AR. Cuivre
2 pièces (4 pièces.)

Charles IV. Cinquième de piastre 1795. 2 pièces
cuivre. (3 pièces.)
Ferdinand VII. Junte de Catalogne. 1810. 1811
6 et 3 quartos. C. (4 pièces.)
RESERBADO, 1821. Cinquième de piastre. 1814
AR. (2 pièces.)
6 pièces variées. C.
3 quartos, 1823, pour la province de Catalogne.
FERNAN 7° REY CONSTITUTIONNAL. Autre,
1812. ℞. HISP | ET BALEARUM REX. Autre,
1830. ℞. NAVARRAE REX. Écusson de Navarre
dans le champ. (3 pièces.)
Isabelle II. Pièces de 10, 4 et 2 réaux. AR. (4
pièces.)
2 pièces de 4 M. Dixième de réal, 1833. 6 quartos, 1836-7. 3 quartos. 1839, pour la Catalogne.
C. (6 pièces.)
Gibraltar. Pièces de 1 et 2 quartos, années et
types variés. C. (6 pièces.)

PORTUGAL ET BRÉSIL.

PORTUGAL.

Jean II. Y couronné dans le champ. C.
Emmanuel. 1 pièce d'argent.
Jean III. 1 pièce d'argent.
Pierre II. Pièce de cuivre frappée en 1699, poin-
çonnée au revers.
Jean V. Demi-cruzade, 1749. AR. 10 et 5 réis,
1720, 1744. C. (3 pièces.)
Joseph I. X et V réis. C. (2 pièces.)

Maria I. MEJOTOSTAO AR. Pièces de 10 et 5 réis. C. (5 pièces.)

Jean VI, régent. Pièces de cuivre. 1813. Réis. 1822. 1824. 1825. Pièces de 40 réis. C. (4 pièces.)

Don Miguel. Pièce de 40, autre de 10 réis, 1828, 1831. C. (2 pièces.)

Doma Maria. Pièces de 20 et 10 réis. 1835. 1842. 1849. C. (3 pièces.)

BRÉSIL.

Jean V. 1747. 10 réis. C.

Maria I. 1786. 5 réis. C.

Jean VI, régent. 20 et 10 réis. 1802. 1815. réis. 80, 20. Réis, 1820, 1. 3. C. (7 pièces.)

Pierre I. 1 pièce contre-poinçonnée de 40, autre de 10, 2 pièces de 20 réis. C. (4 pièces.)

Pierre II. Pièce de 2,000 réis. AR. Pièce de 80 réis. C. (2 pièces.)

AFRIQUE.

ALGER.

172. Mahmoud II. Piécette, 1222. Douro, 1238. Piécette, 1241. Demi-piécette, 1237, 1244. AR. (8 pièces.) Qaroub. 1250. Pièce de 5 aspres. 1238. 1244. (4 pièces.)

Piécette au Toghra dans une couronne de lauriers. 1245, demi-piécette. (2 pièces.)

MAROC. *Dynastie des chérifs.*

ABDERAHMAN. — Frappé | dans la capitale de |

Fez R. 1258 AR Sceau de Salomon R. 1257
C. (2 pièces.)

TUNIS.

Mustapha III. — Sultan Mustapha-Khan. R. Frappé
à Tunis, an 1174. C. (1 pièce.)

ÉGYPTE.

Mustapha III. — Toghra du sultan. R. Frappé
au Caire, an 1187. Deux divisions. (3 pièces.)

SÉNÉGAMBIE.

SIERRA LEONE. Penny, 1791. Demi. 1792. C
(2 pièces.)

SAINTE-HÉLÈNE.

HALF PENNY, 1821. C. (1 pièce.)

AMÉRIQUE.

MEXIQUE.

173 Charles-Quint. AR. (2 pièces variées.)
Philippe IV. Type de la piastre péruvienne C
(1 pièce.)
Ferdinand VI. Réalillo, 1753. AR. (1 pièce.)
Charles III. Piastre neuve aux colonnes, 1782.
AR. Piécette ou 1/4 de piastre, 1761, 1781. AR.
(3 pièces.)
Charles IV. Nouveau réal de Plate ou 1/10 de
piastre, 1799, réalillo, 1799. 1801. AR. (3 pièces.)
Piastre aux colonnes (destinée à servir de bouton
de ceinture Calzonera. (*G. Ferry, Scènes de la
vie mexicaine.*) Très-belle pièce fausse frappée.
Ferdinand VII. Réalillo. 1810. 1821. 2 petites

pièces aux armes de Léon et de Castille. 1810.
1811. AR 1 pièce cuivre. 1825. (5 pièces.)

RÉPUBLIQUE MEXICAINE.

Pièces d'argent, pièces de cuivre. (7 pièces.)

ÉTATS-UNIS.

Dollar, 1846. AR. (1 pièce.)
Demi, 1828. Quart, 1831. 25 cent., 1854. AR
(3 pièces.)
Dime, half-dime. 10, 5, 3 cent. AR. (7 pièces.)
Cent, half-cent. Types et millésimes variés. C. (8
pièces.)
COMMUNI CONSENSU. R'. LIBERTAS AMERI-
CANA MDCCLXXXIII. Médaille. CONSTELLATIO
NOVA. R'. LIBERTAS JUSTITIA. Ex. 1783.
Dans le champ, U:S. E PLURIBUS UNUM. —
R'. NOVA CÆSAREA. Tête de cheval, Charrue
Ex. 1786. C. (3 pièces.)

CANADA.

Pièces variées en cuivre. (6 pièces.)

NOUVEAU BRUNSWICK.

Half-penny token au type de la reine Victoria.
1843. C. (1 pièce.)

NOUVELLE ÉCOSSE.

Pièces variées. C. (4 pièces.)

BERMUDES.

Type de Georges III. 1793. C. (1 pièce.)

VIRGINIE.

Type de Georges III, 1773. C. (1 pièce.)

AMÉRIQUE MÉRIDIONALE

CARACAS.

1817. C. (1 pièce.)

VENEZUELA.

1852. 1 centavo. Bel exemplaire.

GUYANE ESPAGNOLE.

Carthagène, 1814, 1821. (2 pièces.)

BOGOTA.

1 réal, 1813. AR. (1 pièce.)

GUYANE ANGLAISE.

Essequibo. One stiver, 1815. C. (1 pièce.)

PÉROU.

FIRME Y FELIX, &, à fleur de coin. AR. (1 pièce.)

CHILI.

20 c., 1844, 1852. AR. Centavo, medio. Types et millésimes variés. C. (5 pièces.)

COLOMBIE.

2 pièces variées. C.

BOLIVIE.

Pièces au type de Bolivar en costume de général. 1830, 1836. AR. (2 pièces.)

Pièce au type de Bolivar. Demi-buste nu a droite
1845. AR. (1 pièce.)

URUGUAY.

20 centesimos. C. Petite pièce en plomb. (2 pièces.)

HAITI.

25 cent., an XII. Boyer, 12 cent., an XIV. Pétion.
50 cent, an 26. BILL. 1 et 2 cent. C. (8 pièces.)

RÉPUBLIQUE DOMINICAINE.

1844. (2 pièces.)

POSSESSIONS DANOISES.

Frédéric V, 1764. 24 SKILL. Christian VIII.
1840. X SKILLING. (2 pièces.)

ASIE.

MONNAIES DES CROISADES.

174. *Raimond II,* comte de Tripoli. (*De Sauley,* pl. VII.
fig. 2.) *Jacques II,* roi de Chypre. (Pl. XII, fig. 8.)
C. (2 pièces.)

INDES.

Compagnie des Indes orientales. 20, 10 et 5 cash.
C. (3 pièces.)
Variété des pièces de 10 et 5 cash. Autre avec la
Balance au revers. C. (4 pièces.)
Half-anna, quarter-anna. C. (2 pièces.)
Roupie au type de la reine Victoria, 1840. AR.
1 pièce d'argent, une de cuivre. (2 pièces.)
Pièces avec des caractères bengales. 1 pagode à
l'étoile. (3 pièces dont 1 fausse.)

Cœur surmonté d'un 4 écartelé de EVIC. ℞. Balance. caractères hindous. Cuivre au flan épais.

CHINE.

7 pièces, modules et métaux variés.

OCÉANIE.

NOTASIE.

Sumatra. Pièce au type de celle de 5 cash.
Java. 1:S^t. C. (1 pièce.)
Batavia. 5 pièces variées. C.
Hald-gulden de Guillaume de Hollande, 1831. AR.

MÉLANÉSIE.

Iles de la reine Charlotte. Type de la pièce de Sumatra. 1 jeton pour les mines de cuivre de Queenborough. (2 pièces.)

MÉDAILLES.

175. *Brulart.* — F.NOEL BRVLART DE SILLERI CHEVALIER DE LORDRE DE S.IEAN DE HIERVSAL. Buste à droite. ℞. INCLVSVS MVNDO SECLVSIT GAVDIA MVNDI. Armes.
   (BR. 5 C.) Magnifique exemplaire.
175bis. *Faustine mère.* — DIVA AVGVSTA, etc. Buste à droite. ℞. DIVA FAVSTINA DIVVS ANTONI-NVS.SC. Antonin et Faustine se donnant la main.
   (BR. 11 C.)
176. *Nogaret de Foix?* — HENR. FOX. VALETTE

DVX.CANDALLÆ.PAR.FR. Buste à gauche
℞. Armes. Metz. 1627. — 1658.
   (B. 4 C.)

177. *Monconis Gaspard.* — GASP.MONCO.LIERGVE.
LVGD.IVR.CRIM.PRÆT. Buste à droite. Varin.
   (B. 11 C.)

178. TALEYRAND PRINCE DE MACHIAVEL. Buste à
gauche; dessous, chien courant
   Pièce d'essai. Rarissime.

178.bis. Anonyme. Charmante tête de femme. La date
1508 et le monogramme d'Albert Durer.
   5 C 1/2.

179. Plomb de Lyon. Dans le champ, une tête de mort;
dessous, LYON. Autour, sabre, hache, marteau et
massue. ℞. COM.AFFR. Bonnet de la liberté
sur une épée.

180. *Rapolt.* — DANIEL.RAPOLT.V.FREIBVRG.AET.
41.ANNA.WINKLERN.IR.ALTER.AETA.6.BAR-
BARA 1½. Le personnage avec sa femme et ses
deux enfants. ℞. IN CHRISTO OMNIA. Deux
écussons sur la porte d'une ville.
   (6 C.)

181. *Charles-Quint.* — DIVVS CAR'V &. Tête de trois
quarts. ℞. NVMINE CAESAREO, etc. Dans le
champ, le globe entre les colonnes d'Hercule. Ex.
C.C. Diam. 0.04.
   Belle médaille padouane.

182. Bataille de Saint-CAST. G. B. Bel exemplaire.

MÉDAILLONS.

183. Thermidor an III, frappé avec le fer de la maison
de force.
184. LE SANG DE VOS ROIS CRIE & &. ℞. Sept mé-
daillons représentant Henri IV, Louis XVI, & &.
(CAQUÉ) 0,105. BR.

OUVRAGES DE NUMISMATIQUE.

185. *Traité des Monnaies* (Leblanc), édition contenant la
dissertation historique.
185bis. Autre exemplaire sans la dissertation.
186. *Prix des Monnaies* depuis la déclaration du roi du
31 mars 1640. — Paris, 1736.
187. Sous ce numéro seront vendus divers lots de monnaies et médailles non cataloguées.

SUPPLÉMENT.

1 *Gondebaud, roi de Bourgogne.* — Sol d'or. (*Revue Numismatique,* 1848. VIII. 4.)

2. Même pièce. ℞. La Victoire accostée des lettres A et L. Sol d'or d'Alise. (Unique et inédit.)

3. *Charles-le-Chauve.* — ✠ GRATIA D-I REX. Monogramme carolin. ℞. ✠ MEL·DIS.CIVITAS. Denier d'argent.

4. *François I.* — Écu d'or à la salamandre. (*Leblanc.* 328, a-5.)
   Écu d'or frappé à Milan. (*Leblanc,* 330, a-3.)

5. *Parti des politiques. Henri III.* — ✠ SIT.NOMEN, &. Écu couronné. ℞. ✠ CHRISTVS.REGNAT, &. Croix fleurdelysée; en cœur la lettre B.
   Écu d'or.

6. *Louis II, de Dombes.* — Essai en argent du denier tournois de 1756.
   Inédit et fleur de coin.

7 *Robert de Provence.* — ✠ ROBERTVS.DEI.GRA. IERL'.ET.SICIL.RE. Le prince assis entre deux lions. ℞. ✠ hONOR.REGIS.IVDICIV.DILIGIT Croix feuillue. cantonnée de quatre lions.
   Carlin d'argent. (1 pièce.)

8 Un lot de 3 pièces romaines.

9 Un lot de 6 pièces moyen-âge

ERRATA

Page 7, ligne 13, *au lieu de* tête barbue, *lisez* tête bar-
    bare.

27, ligne 12, *au lieu de* AR. (2 pièces), *lisez*
    AR. (2 pièces variées.)

28, ligne 26, *au lieu de* teston, *lisez* demi-teston

30, ligne 5, *au lieu de* denier du même, *lisez*
    demi du même.

32, ligne 20, *au lieu de* denier, *lisez* demi.

34, ligne 33, *au lieu de* (3 pièces), *lisez* (2 pièces).

35, ligne 6, *au lieu de* N, & 3 pièces. *lisez* N, &,
    3 pièces.

47, ligne 27, *au lieu de* 10 centimes. 1839, *lisez*
    10 centimes, 5 centimes. 1839.

52, ligne 13, *au lieu de* Christiern VIII, *lisez* Chris-
    tian VIII.

53, ligne 30, *au lieu de* et de 10 fr., *lisez* et de
    10 c.

57, ligne 27, *au lieu de* bacciochi, *lisez* baiocchi.

59, ligne 14, *au lieu de* médaille de Jubilé, *lisez*
    médaille du Jubilé.

63, ligne 26, *au lieu de* ceinture Calzonera. *lisez*
    ceinture de Calzonera

ESSAI

sur

LES MONNAIES

du

ROYAUME ET DUCHÉ DE BRETAGNE.

Par A. BIGOT,

Membre de la Société Archéologique d'Ille-et-Vilaine.

---

1 volume grand in-8°. — 43 planches.

PRIX : **26** FR.

PARIS. — ROLLIN, antiquaire, rue Vivienne, 12.
RENNES. — GANCHE, libraire, douve de la Visitation.
NANTES. — GUÉRAUD, libraire, passage Bouchaud.
DINAN. — Mme veuve HINAULT, libraire.